죽음을 앞둔 사람의 말

SHINIYUKU MONO KARA NO KOTOBA
Copyright ⓒ 1993 by SUZUKI Hideko
All rights reserved.
Original Japanese edition published by Bungeishunju Ltd., Japan 1993
Korean translation rights in Korea reserved by The Reader Press
under the license granted by SUZUKI Hideko, Japan arranged with
Bungeishunju Ltd., Japan through Korea Copyright Center, Korea.

이 책은 ㈜한국저작권센터(KCC)를 통한 저작권자와의 독점 계약으로
책비에서 출간되었습니다. 저작권법에 의해 한국 내에서 보호를 받는
저작물이므로 무단 전재와 복제를 금합니다.

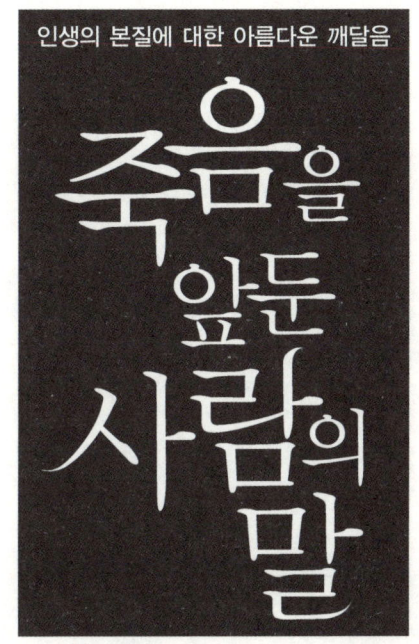

인생의 본질에 대한 아름다운 깨달음

죽음을 앞둔 사람의 말

스즈키 히데코 지음　나지윤 옮김

Prologue

"아들아, 죽음을 앞둔 지금 아빠는 신기하리만치 마음이 차분하다. 공포나 불안 따위는 없다. 하지만 조금 더 살고 싶구나.
앞으로 사회에 나갈 너의 모습을 지켜보고 싶다. 어른이 되어도 부모가 필요할 때가 있는 법이란다. 내게 조금만 더 시간이 주어진다면 어른으로서 책임을 짊어지고 나아가는 너의 번듯한 모습을 볼 수 있을 텐데……."

"네가 곤경에 처하거나 눈물을 흘릴 때 곁에 있어 주지 못한다고 생각하니 가슴이 많이 아프다. 다시 건강을 되찾고 싶지만 역부족이구나. 이제 내가 할 수 있는 건 현실을 그대로 받아들이는 것뿐. 부디 알아주기 바란다. 이별을 앞둔 지금 내 마음을 가득 채우고 있는 건 '너희들을 사랑하고 있다는 것, 그리고 너희들도 나를 사랑하고 있다는 것'임을.
생명이 아깝지 않을 만큼 너희들을 사랑한단다."

__죽음을 앞둔 아버지의 편지 중에서

CONTENTS

하나, 우리 모두는 언젠가 반드시 죽게 됩니다 ·· 10

둘, 죽음을 앞둔 사람은 자신에게 시간이 얼마 남지 않았음을 직감적으로 느낍니다 ·· 26

셋, 이 세상과 작별을 고하는 순간, 내 이름을 불러주오 ·· 48

넷, 살날이 얼마 남지 않은 사람에게 가장 중요한 건 죽음을 맞이할 때와 그 이후입니다 ·· 60

다섯, "나는…… 더 행복하게 살고 싶었습니다." ·· 74

여섯, 죽어가는 사람에겐 허심탄회하게 속내를 털어놓을 수 있는 상대가 필요합니다 ·· 84

일곱, "기억하렴. 엄마가 만일 죽더라도, 그건 결코 너희들 때문이 아니야." ·· 98

여덟, 고통 속에서도 가슴 벅찬 행복을 건져 올릴 수 있습니다 ·· 115

아홉, "몸이 없어져서 어디든 갈 수 있게 되면, 내가 좋아하는 사람이 있는 곳에 갈 거예요." ·· 122

열, "죽음과 마주한 지금, 나는 두렵지 않습니다." ·· 130

열하나, 마지막 길을 떠나기 전,
　　　　가족의 체취가 곳곳에 담긴 집에서 보내는 시간이 간절합니다 ‥139

열둘, 무언가를 기다리고, 그것을 만날 희망을 가진 사람은
　　　놀라운 생명력을 얻게 됩니다 ‥148

열셋, 사람은 죽는 순간 위대한 분의 마중을 받으며 빛의 세계로 떠납니다 ‥157

열넷, 숨을 거둔 사람이 조용히 잠든 모습을 바라보고 있으면
　　　내가 살아온 인생을 되돌아보게 됩니다 ‥165

열다섯, 인간은 죽음에 의해 완성됩니다. 살아 있는 동안에는 모두 미완성일 뿐 ‥179

열여섯, "이제 저에겐 남은 시간이 얼마 없어요.
　　　　죽기 전에 저 자신과 당당히 마주하고 화해하고 싶어요." ‥197

열일곱, "네가 곤경에 처하거나 눈물을 흘릴 때 곁에 있어주지 못한다고
　　　　생각하니 가슴이 많이 아프다." ‥211

마치면서 ‥229

하나,
우리 모두는 언젠가
반드시 죽게 됩니다

"나는 그동안 수많은 사람들이 생을 마감하는 순간을 지켜봐 왔어요. 대부분은 자신에게 마지막 순간이 다가오고 있음을 직감적으로 느낍니다. 인생의 막바지에 다다른 환자는 오랜 시간에 걸쳐 속마음을 털어놓는 경우도 있고, 한두 마디로 끝내는 때도 있습니다. 이윽고 이야기를 마친 뒤 평온함이 깃든 환자의 표정을 보면서 느낍니다. '아, 이 사람은 이승에서 해야 할 일을 다 마무리했구나.' 하고요."

가랑비가 부슬부슬 내리던 8월의 어느 날 오후, 나는 삿포로의 미야노모리 스키점프대 근처에 있는 숲속을 거닐고 있었다. 자작나무숲에서 올려다본 하늘은 흐릿한 먹빛을 띠고 비바람을 맞은 잎사귀들은 이리저리 흩날렸다. 아침부터 내린 비로 인해 눅눅하고 습한 공기가 고스란히 피부에 전해졌다.

바로 그때였다. 주변이 일순간 확 바뀌며 정신이 번쩍 들었다. 산에서 바람이 불어온 것도, 햇빛이 내비친 것도 아닌데 불과 몇 초 만에 습기가 싹 가시고 홋카이도 특유의 상쾌한 공기가 숲속을 가득 메웠다. 8월의 도쿄에서는 상상도 할 수 없는 청량감이었다. 공기가 이렇게 한순간에 바뀔 수 있다니…….

새삼 자연의 신기함에 감탄하다가 문득 어느 기억 하나가 뇌리를 스쳤다. 1990년 가을, 삿포로 교육회관에서 열린 호스피스 의료 관계자들의 모임 '죽음의 임상연구회'에 강연자로 참석했을 때의 일이다. 일본 전역에서 400여 명가량의 의사와 간호사들이 참석한 회관은 시종일관 뜨거운 학구열로 가득했다. 전문적 연구 발표에 익숙한 청중들은 저명한 의학자도 아닌 내가 강연자로 소개되자 의아하다는 표정을 지었고, 곳곳에서 웅성대는 소리가 들려

하나,

왔다.

단상에 올라선 나는 이렇게 운을 뗐다.

"저는 의학에는 문외한입니다만, 이것만은 분명히 말씀드릴 수 있습니다. 사람은 언젠가 반드시 죽는다는 것입니다. 외람되지만, 여기 모인 여러분도 예외가 아니지요. 삶의 종착역에 다다를수록 여러분은 다른 누구보다 의학의 한계를 뼈저리게 느끼시리라 생각합니다. 그리고 깨닫게 되겠지요. 죽음 앞에서는 모두가 평등하다는 것을요. 여러분은 의학 전문가가 아니라, 한 사람의 인간으로서 생을 마감하는 것이니까요."

거대한 규모의 회의장은 찬물을 끼얹은 듯 조용해졌고 나는 그곳의 공기가 일순간 달라지는 것을 느낄 수 있었다. 강의가 진행될수록 좌중의 눈빛은 점점 진한 빛을 띠어갔다. 나는 그들이 한 인간으로서 본연의 모습을 돌이켜 보기를 바라며, 지금껏 숱하게 접해온 '죽음을 앞둔 사람들'에 대한 사연을 들려주었다.

강의가 끝난 뒤 모 의대 교수가 나에게 다가왔다.

"죽음에 임박한 환자가 돌연 원기를 회복해서 마치 병이 다 나은 것처럼 보일 때가 있습니다. 특히 환자가 숨을 거두기 24시간 전후에 그런 증상이 집중적으로 나타나지요. 병세가 호전된 환자는 이승에 남기고 싶은 것, 말하고 싶은 것, 하고 싶은 것 등이 하나둘씩 생깁니다. 우리는 그때를 '화해의 시간'이라고 부른답니다."

그의 말대로라면, 나는 그동안 죽음을 앞둔 사람들의 수많은 '화해의 시간'에 초대된 셈이었다. 지금까지는 막연히 '하늘의 섭리'라고 생각해왔지만 말이다.

중국인은 이러한 시간을 '회광반조(回光返照, 빛을 돌이켜 거꾸로 비춘다는 말로 사람이 죽기 직전 잠시 온전한 정신으로 돌아오는 것)'라고 부른다. 양초는 꺼지기 직전 커다란 불길이 타오른다. 추락하는 비행기는 저선회를 반복하는 와중에 한 번 급상승한 뒤 마지막 힘을 다 소진한 듯 끝없이 하강한다. 사람도 예외가 아니다. 중국에서는 죽음을 앞둔 환자가 기력을 잠시 되찾으면, 침대에서 내려주어 큼지막한 나무자루에 손을 닿게 해주는 풍습이 있다고 한다. 환자가 이생을 떠나 자연으로 돌아가는 징후로 받아들이는 까닭이다.

누구나 죽음의 강을 건너기 전 후회 없이 평화롭게 삶을 마무리하길 바라는 건 인지상정이다. 그러므로 세상을 떠나기 직전에 생기가 돌아오는 시간은 환자가 자신 혹은 타인과 진정한 화해를 나누고 평온하게 눈을 감기 위한 선물인 셈이다.

내가 죽음을 앞둔 사람들의 '화해의 시간'에 함께하게 된 건 1950년대부터였다. 시작은 지극히 우발적인 사고에서 비롯되었다. 그 일로 인해, 나는 신의 계시를 받은 듯 아프고 병든 이들의 삶속으로 이끌려 들어갔다.

40여 년 전, 나라여자대학교 학회에 출석했을 때의 일이다. 나는 친구가 있는 수도원에서 묵기로 했다. 본디 왕의 별장으로 쓰였던 그곳은 높은 천장이 웅장한 느낌을 더해주는 고풍스럽고 근사한 건물이었다. 손님방은 2층에 있었는데, 최대한 내부를 훼손하지 않으면서 만든 터라 계단의 경사가 매우 심했다. 학회 첫째 날, 한밤중에 잠이 깬 나는 어두컴컴한 계단을 복도로 착각해 발을 헛디뎠고 그대로 1층으로 추락하고 말았다. 곧바로 응급실로 실려 갔지만 다섯 시간가량 의식불명 상태에 빠졌다. 전해 들은 바로는, 구급차에

하나,

나를 실었던 사람이 "저렇게 높은 계단에서 떨어졌는데 살아남은 게 기적입니다."라며 놀라움을 감추지 못했다는 것.

아무 것도 모르는 아이나 동물이 무심코 높은 곳에서 떨어져도 큰 상처 없이 무사할 때가 있다. 반면 크게 다치리라 예상하고 겁에 질린 상태에서 떨어지면 온몸이 딱딱하게 경직되어 끔찍한 부상을 피하기 어렵다. 나 역시 처음부터 가파른 계단인 줄 알고 떨어졌으면 그 자리에서 아마 인생을 마감했을지도 모를 일이다. 하지만 천만다행으로, 복도와 연결된 곳이려니 생각하고 몸에 긴장을 풀고 있었기에 늑골에 살짝 금이 갔을 뿐 큰 화는 면했다.

하지만 의식불명이던 다섯 시간 동안 내 안에서는 앞으로의 삶을 송두리째 바꿀 엄청난 일이 일어나고 있었다.

엄청난 충격을 느끼고 얼마 뒤, 천천히 눈을 떴다. 나는 공중에서 아래를 내려다보고 있었다. 제법 높은 곳에 있었지만 의식은 또렷했다. 아래쪽에는 또 다른 내가 지면에서 조금 떠올라 똑바로 서서는 대나무 껍질 같은 것에 잔뜩 둘러싸여 있었다. 나중에 대만 사찰을 방문했을 때 아름다운 불상을 본 적이 있는데, 알고 보니 당시 불상이 있던 대좌가 이때 내가 대나무 껍질이라고 생각했던 것과 같았다. 대좌는 연꽃잎으로 만들어진 것이라고 했다.

그렇게 위에서 아래를 내려다보고 있는데 내 다리 주변의 대나무 껍질이 하나씩 천천히 떨어져 나가기 시작하는 것이었다. 그 껍질이 한 장씩 벗겨질 때마다 위에 있던 나는 무한한 희열감에 휩싸였다.

'아아, 이걸로 사람들 시선에서 자유로워졌다. 타인과의 경쟁에서 자유로워졌다. 인간에 대한 두려움에서 자유로워졌다. 마지막 한 장만 벗겨져 나가면 나는 완전한 자유가 된다!'

진정한 자유를 향한 벅찬 감동이 터질 듯이 부풀어 올랐고, 껍질이 전부 벗겨지자 나는 휙 하고 하늘 위로 솟아올랐다. 그리고 하늘에서 비추는 빛이 나를 포근하게 감쌌다. 눈부신 황금빛은 내 몸을 감싸며 세포 하나하나를 깨웠고 내 정신은 전 우주로 확장되었다. 심신의 모든 기능이 최고조에 이르러 완벽한 조화를 이루고 있었다. 아! 그때 느낀 감정을 뭐라고 표현할 수 있을까. 올림픽에 출전한 선수가 최상의 기량으로 세계 신기록을 깼을 때 느끼는 감동의 천 배, 아니면 나무에서 사과가 떨어지는 것을 본 뉴턴이 중력에 대한 깨달음을 얻었던 때의 희열감? 이전에는 단 한 번도 경험해보지 못했던 벼락같은 환희의 순간이었다.

빛은 생명 그 자체였다. 눈이 부시다 못해 멀어버릴 만큼 찬란하게 반짝이는 황금빛은 자비롭게 내 모든 것을 품어주었다. 나는 그 빛에 둘러싸여 나 자신이 완전한 생명 그 자체에 의해 이루어져 있음을 실감했다. 마치 어머니의 자궁 속에 완벽한 평온함을 느끼는 태아처럼. 충만한 생명력을 품어내는 빛은 살아 있는 인격체요, 내 모든 것을 이해하고 용서하고 받아들이는 생명 그 자체였다. 나는 이제껏 단 한 번도 경험한 적 없는 무한한 일체감에 사로잡혔다.

그 순간, 나는 깨달았다.

'이것이야말로 사랑의 극치다.'

'이것이야말로 다시없을 행복이다.'

'깨달음이란 바로 이런 것이다!'

내 두뇌는 전에 없이 명석하고 논리정연하게 작동하기 시작했다.

'이곳에 시간의 개념 따위는 존재하지 않는다. 그저 영원할 뿐. 영원하고 하나,

완벽한 행복의 경지다.'

형언할 수 없는 행복감에 가슴이 터질 것 같았던 나는 영원히 이곳에 머무르기를 간절히 기도했다.

바로 그때, 희미한 소리가 귓가를 스쳤다.

"……살려주세요. ……그녀를 살려주세요."

멀리서 들려오는 탓인지 발음이 부정확하고 서툴렀지만 그 소리는 점점 분명한 울림으로 되풀이되었다.

그러자 생명의 빛은 나를 이승으로 다시 돌려보냈다. 빛은 나에게 명했다. 언어가 아니라 존재에서 존재로 전해지는 사랑의 방식으로.

"기억하라. 세상에서 가장 중요한 것은 '사랑' 과 '깨달음' 이다."

나는 완벽하게 이해했다. '사랑' 과 '깨달음' 은 이 세상을 살아가는 의미였다. 그리고 '사랑' 과 '깨달음' 은 '자애' 와 '예지' 의 다른 말이었다.

깨어난 다음 날, 격렬한 운동을 한 것처럼 온몸이 천근만근이었다. 이틀 뒤에 몸을 조금씩 움직일 수 있게 되자 창문을 열고 바깥 풍경을 바라보았다. 가을 햇살이 상쾌하게 비치며 수확을 막 끝낸 논이 풍요로운 속살을 드러내고 있었다. 청량한 가을바람이 살랑거리며 막 추수한 벼의 깊고 구수한 향기를 전해주었다.

그 순간 나는 논과 벼, 바람, 햇살, 나뭇잎 등, 이 모든 것들과 일체감을 느꼈다. '만물을 소생시키는 빛' 을 통해 체험한 감각이 내 안에 강렬하게 요동쳤다. 무슨 일이 일어난 건지 명확히 알 수는 없었다. 그저 내 안에 있는 무언가가 뿌리째 흔들려 새롭게 변하는 것만을 어렴풋이 짐작할 따름이었다.

도쿄에 돌아온 나는 후유증 여부를 검사하기 위해 재차 병원에 입원했다. 그때 영국인 친구가 문병을 왔는데 매우 흥미로운 책을 읽었다면서 이야기를 들려주었다. 세상과 이별을 고한 자는 긴 터널을 통과해 강을 건너고 정원을 빠져나가 마지막에는 찬란하고 따사로운 빛을 만난다는 내용이었다. 별 생각 없이 고개를 끄덕이며 얘기를 듣던 나는 빛과 만난다는 대목에서 그만 심장이 멎는 줄 알았다. 그 책은 이후 일본어로도 번역되어 유명해진 레이몬드 무디(Raymond Moody)의 『생 이후의 생(Life after Life)』의 영문판이었다.

다음 날 당장 그 책을 집어 들고 무엇엔가 홀린 듯 단숨에 책을 완독한 나는 비로소 내가 사후세계를 경험했음을 알게 되었다.

책의 마지막 부분에는 '빛을 만난 사람은 초자연적이고 특별한 힘을 갖는다.'라고 적혀 있었고, 나는 앞으로 어떤 신비한 능력이 생길지 내심 기대가 되기도 했다.

그로부터 얼마 후, 호스피스 운동의 선구자인 엘리자베스 퀴블러 로스(Elisabeth Kubler-Ross)의 『죽음과 죽어감(On Death and Dying)』 등이 잇달아 출간되면서 임사 체험(Near Death Experience, 죽었다 깨어난 사람들의 경험)이 세상에 알려지게 되었다. 덕분에 나는 빛의 체험에 대한 이해를 한층 높여갈 수 있었다.

수도원에서 겪은 사고 이후, 나는 신의 손에 이끌린 듯 죽음의 그림자가 짙게 드리워진 중병 환자들이 있는 곳으로 인도받았다. 그들을 만나면 누가 알려준 것도 아닌데 자연스레 손이 다가가고 잠자코 그들과 호흡을 함께하게 된다. 그러면 저절로 환자의 어디가 아픈지, 어떤 고통을 겪는지 절절히

하나,

느껴진다.

　그것은 환자와 나만이 경험하는 신비로운 순간이다. 나는 환자와 한 몸이 되고 대우주의 기운이 내 손을 통해 환자에게 전해진다. 깊은 고요함 속에 우리는 우주에 존재하는 모든 것과 하나가 됨을 느낀다. 환자가 빨리 나으면 좋겠다거나 기적이 일어났으면 좋겠다는 생각 같은 건 일절 떠오르지 않는다. 아예 사고 자체가 없어지는 무념무상에 빠져버리는 것이다.

　좀 더 자세히 설명하자면 이런 것이다. 환자의 몸에 손을 갖다 대고 상대와 일체감을 느끼면서 가만히 호흡을 맞추다 보면, 우주의 근원적인 힘이 나의 내면 깊은 곳을 통해 흘러나와 상대에게 전해져 환자가 가진 본래의 치유력을 자극시킨다. 혹은, 환자의 영혼을 평온하게 어루만지는 것 같기도 하다. 고요한 우주의 흐름에 몸을 맡기는 상태랄까.

　사고 직후 황금빛에 둘러싸여 느꼈던 생생한 희열감은 느끼지 않지만 대신 당시에 경험했던 깊고 고요한 감정의 물결이 환자와 나를 부드럽고 포근히 감싸준다. 환자와 나 사이에는 끈끈한 유대감이 형성된다. 내가 하는 일은 고작 환자 곁에 있어주는 것뿐이지만, 한 번이라도 시간을 함께 보내면 환자는 언제라도 나를 기다리며 반갑게 맞이한다. 어떤 환자는 내가 손을 대고 있으면 곧바로 기분 좋은 잠에 빠지기도 하고 깊은 속내를 털어놓기도 한다. 특별히 내가 좋아서라기보다는, 나와 호흡을 맞추면 마음이 평온해져 자신의 그간 삶을 되돌아보며 인생의 소중한 가치를 발견하기 때문인 것 같다. 죽기 전에 마음을 정리하고 차분히 인생을 마무리하는 과정이랄까.

　요즘에야 임사 체험이나 임종에 이른 사람과 나누는 소통이 강조되고 있지만 1980년대만 해도 이러한 이야기를 꺼내면 이상한 사람 취급받기 일쑤였다. 하지만 나는 죽음을 앞둔 병자들을 수없이 만나면서 깨달은 사실이 있었다. 환자가 자신에게 얼마나 시간이 남았는지 알아야 한다는 것, 그리고 남은 시간 동안 자신의 인생을 돌이켜보고 삶의 의미를 찾고 아쉬움이 남는 일을 해결하고 얽혀버린 인연을 화해로 푸는 등 인생을 정리하는 과정이 필요하다는 것이었다. 그리고 미국에서 메리 커리 교수를 만나면서 나의 생각은 확신으로 굳어졌다.

1989년, 당시 미국에 있던 나는 뉴욕대 의학부 교수인 메리와 친해지게 되었다. 그녀는 무수한 죽음을 지켜보면서 생사의 갈림길에 선 환자에게 어떻게 다가가야 하는지를 알려준 그야말로 '인생의 스승'이었다.

어느 날, 나는 그녀에게 다음과 같은 질문을 던졌다.

"죽음을 앞둔 사람은 어떤 생각을 하고 어떤 마음을 갖고 있나요? 주위 사람들은 무얼 해줄 수 있지요?"

메리는 잠시 동안 깊은 생각에 잠겼다. 이윽고 신중하게 말을 고르며 그녀만의 확고한 답을 주었다.

"나는 그동안 수많은 사람들이 생을 마감하는 순간을 지켜봐 왔어요. 대부분은 자신에게 마지막 순간이 다가오고 있음을 직감적으로 느낍니다. 그 순간, 전하고 싶은 것이 많아지지요.

15년쯤 전에는 살날이 얼마 남지 않은 환자를 대할 때마다 죽음에 대해선 일절 언급하지 않고 회복될 수 있다는 희망을 주기에 급급했지요. 환자가 으레 우울한 기분에 빠져 있겠거니 생각해서 안쓰러운 마음에 달래주려 했던 거예요. 하지만 지금은 전혀 다른 방식으로 접근하고 있어요. 죽음이 임박한

하나,

환자가 무엇을 생각하고, 어떤 기분을 느끼는지에 중점을 두고 있지요.

다만 몇 가지 알아두어야 할 사항이 있어요. 구체적인 행동으로 실행하는 단계에 이르면, 몇 가지 난관에 봉착하게 돼요. 그 첫 번째가 가족이지요. 그들은 자신에게 더없이 소중한 환자가 얼른 병이 나아서 예전처럼 함께 행복하게 살기를 간절히 원해요. 머리로는 환자가 죽어간다는 사실을 알고 있지만 마음으로는 도저히 받아들일 수가 없는 거예요. 이들은 환자의 죽음을 부정하고, 소중한 사람을 잃는다는 두려움과 그 이후의 혼란과 마주하기를 극구 피하려 하지요. 때문에 환자 앞에서는 억지로 미소를 짓고 당장이라도 회복될 것처럼 믿음과 용기를 심어주기에 여념이 없어요. 자신이 겪게 될 고통을 조금이라도 유예하고 싶은 마음 때문에요.

두 번째는 당사자예요. 환자 역시 가족을 슬퍼하게 만드는 일은 가급적 피하려고 합니다. 그것이 가족에 대한 마지막 배려라고 생각하니까요. 결국 환자와 가족 모두 진심을 숨긴 채 겉으로는 평화로워 보이는 분위기를 연출하지요. 하지만 환자의 본심은 그게 아니에요. 자신의 마음을 가족들에게 솔직하게 전하고 이해받길 원해요. 여러 사정으로 포기했던 일, 이루지 못한 꿈, 가질 수 없었던 만족감 등 인생에 대한 후회나 아쉬움도 털어놓고 싶어 하고요. 특히 타인과 감정의 골이 깊어진 채 화해를 하지 못한 환자는 후회와 아쉬움이 누구보다 강렬하지요. 대부분 상대에게 자신의 잘못을 고백하고 용서를 구하려고 합니다.

남은 시간이 짧으면 짧을수록 환자는 죽음에 대한 공포나 불안, 그리고 자신의 인생에 대한 갖가지 상념이 가득해지지요. 그중에서도 환자 대부분은 가족이 얼마나 소중한 존재인지를 뼈저리게 느낍니다. 가족에게 고마운 마음을 전하고 싶은 기분도 있겠지만 자신이 삶을 마감한 뒤, 남은 가족이 행복하게 살기를 바라는 바람이 무엇보다 크지요.

 드물긴 하지만 가족이 죽음을 받아들이고 마음의 준비를 마친 경우에 한해, 환자와 가족이 진솔하게 대화를 나누며 감정을 교류하는 광경이 펼쳐지기도 한답니다. 하지만 내 경험으로 비추어 보자면, 가족이 마음의 준비를 한다는 게 말처럼 쉬운 일이 아니에요. 때문에 좀 전에 말한 경우는 정말 드물지요. 환자 역시 가족을 낙담시키고 싶지 않다는 마음이 강하고요. 결국 환자는 자신의 마음을 담담하게 고백할 수 있는 가족 이외의 사람, 무엇을 말해도 동요하지 않고 자기 기분을 있는 그대로 받아들여주는 상대를 바라게 됩니다. 그게 친구일 수도 있고, 먼 친척일 수도 있어요. 미국에서는 카운슬러나 간병인, 종교인이 그러한 역할을 종종 하지요.

 이야기를 들어주는 상대에 따라 다르지만, 인생의 막바지에 다다른 환자는 오랜 시간에 걸쳐 속마음을 털어놓는 경우도 있고, 한두 마디로 끝내는 때도 있습니다. 난 환자 곁에서 그저 잠자코 호흡을 맞출 뿐이지요. 깊은 침묵 속에 환자와의 정신적 교류가 이루어졌다고 느끼는 순간이 오면 환자는 시키지 않아도 스스로 입을 연답니다. 어떤 이는 자신의 일생을 되돌아보고, 어떤 이는 타인의 이야기를 합니다. 나는 상대의 마음을 있는 그대로 받아들이려고 노력합니다. 그리고 이따금씩 '당신이 말하고 싶은 건 이런 것이군요.'라고 확인하지요. 그러한 와중에 환자는 스스로 자기 마음속으로 걸어 들어가 진심을 마주하게 됩니다. 이윽고 이야기를 마친 뒤 평온함이 깃든 환자의 표정을 보면서 느낍니다. '아, 이 사람은 이승에서 해야 할 일을 다 마무리했구나.' 하고요.

하나,

환자가 처음부터 마음을 여는 일도 간혹 있지만, 대개는 몇 번의 단계를 밟습니다. 우선 마음 한 구석을 살짝 열어 보이고, 신뢰가 생기면 다음에 조금 더 큰 부분을 보여줍니다. 그러다가 차차 솔직하게 자신의 마음 밑바닥까지 드러내지요. 진심을 담은 이야기를 누군가가 진지하게 들어준다면 죽음을 앞둔 사람은 비로소 인생의 마침표를 찍었다고 여기게 됩니다."

전문가적 체험에 근거한 그녀의 이야기는 내가 10여 년간 느껴온 생각을 뒷받침해 주었다. 나는 인생의 마지막 순간이 얼마나 중요한지를 새삼 실감했다.

임사 체험 후 줄곧 신경 쓰이는 일이 있었다. 그건 바로 내가 빛을 만나 영원히 그곳에 머물고 싶었음에도 불구하고, 이승에 돌아오는 계기가 되었던 "살려주세요. 그녀를 살려주세요."라고 애타게 기도하던 사람이 대체 누구였냐는 것이다.

임사 체험을 하고 3년 뒤, 샌프란시스코 근처에 머물던 나는 연수회에 참가하기 위해 채비를 꾸렸다. 그런데 막상 연수회장에 도착해서야 날짜를 착각했음을 깨달았다. 그곳에서는 다른 기도회 행사가 열리고 있었고, 허탈해진 나는 '모처럼 먼 길 왔는데 지금 열리는 기도회에 참석해보자.' 하고 마음먹었다. 회장 안에 들어와 자리를 잡고 보니 옆에 앉아 있던 체격 좋은 금발 여성이 일본어로 말을 걸어왔다. 그녀는 전날 오스트리아에서 비행기를 타고 샌프란시스코에 도착해 기도회에 참석했다고 했고, 우리는 이런저런 얘기를 나누다가 그녀가 수도원에서 더듬거리는 일본어로 날 위해 기도해준 장본인임을 알게 되었다.

참으로 기막힌 우연이 아닐 수 없었다. 언젠가 이 일을 미국인 사제에게 이야기했더니 그는 미소를 지으며 이렇게 말했다.

"임사 체험이나 환자와 나눈 신기한 교류를 세상에 전해도 좋다는 '하늘의 계시'가 아닐까요?"

때마침 임사 체험이 대중들에게 친숙해지기 시작하던 무렵이라 상당히 마음이 기울었다.

나는 평소에 기도나 명상을 하려고 하면 마음이 산만해져 좀처럼 집중을 하기 힘들다. 그런데 신기하게도 환자 몸에 손을 대고 교류를 나눌 때는 전혀 다른 사람이 된다. '빛을 만난 사람은 특별한 힘을 갖게 된다'는데, 내 경우 이러한 형태로 나타나는 게 아닐까 싶다.

죽음을 맞이하는 환자가 처음 만난 낯선 이에게 마음을 여는 일은 여간해선 보기 힘들다. 그런데 왜 나에게 이런 일이 가능할까. 얼마 전 NHK에서 방영된 〈임사 체험〉 특집 방송을 보고 그 이유를 어렴풋이 짐작할 수 있었다.

진행자는 임사 체험을 한 사람들을 찾아가 객관적이고 과학적 시점에서 그것을 해명하려 했다. 결론은 이랬다. 죽음이 임박한 사람들은 이승과 저승을 왔다 갔다 하고 있으며 대부분 저승에서 자신의 일생을 되돌아보았다는 것이다. 그렇다면 나 역시도 저승에 한 번 갔다 온 사람이니 환자는 나에게 일종의 동질감을 느끼면서 마음이 편안해지는 게 아닐까. 나를 통해 굳게 닫힌 마음을 열고 자유로워지는 건 그들뿐만 아니라 나에게도 최고의 축복이다. 항상 자신의 한계를 통감하고 절망하던 나는 이러한 경험을 통해 존재 의의를 발견하기 때문이다.

나는 이 책을 통해 죽음의 찰나에서 맞이했던 감동적인 화해의 순간을 여

하나,

러분과 공유하고자 한다.

  유족들로부터 동의를 받았지만 이름과 장소, 상황 등은 필요에 따라 변경했다. 그러나 하늘나라로 떠난 분들이 삶의 종착역에서 전하고자 했던 진심만은 사실 그대로 담아내고자 노력했다.

둘,
죽음을 앞둔 사람은 자신에게
시간이 얼마 남지 않았음을
직감적으로 느낍니다

"세상을 떠날 때가 되면 사람은 한없이 외로워져요. 이승과 완전히 작별을 고하고 전혀 다른 세상으로 홀로 떠나려는데 당사자가 느낄 심정은 오죽하겠어요. 그래서 마지막 떠나는 길에 가족이 곁을 지켜주는 것은 너무도 중요해요. 생을 마감하는 사람에게 정말로 필요한 건 편안히 새로운 세상으로 떠날 채비를 할 수 있도록 위로와 용기를 주는 일이 아닐까요."

나 홀로 병자가 있는 곳을 찾아가 스스럼없이 손을 내밀고 일체감을 느끼기 시작할 무렵, 도호쿠 쓰가루에서 오래전부터 나와 같은 일을 해온 사람을 만나게 되었다.

그녀의 이름은 오하라 시온. 여든을 훌쩍 넘긴 나이로, 튼튼하고 곧은 줄기로 소박한 꽃을 피우는 야생화 '오하라'처럼 꾸밈없고 소탈한 성격을 가진 여성이었다. 사람들은 그녀를 '어머니'라고 부르며 몹시 따랐는데, 오하라 선생의 정감 어리고 따뜻한 마음씨와 선량한 인상은 그야말로 '고향의 어머니' 그 자체였다.

나는 그녀가 살아가는 방식을 지켜보면서 임종을 앞둔 사람을 대하는 태도에 대한 확신을 갖게 되었다. 그녀에 대한 보다 자세한 소개를 위해 3년 전 삶의 막다른 골목에 다다랐던 젊은 여성의 일화를 소개하고자 한다.

홋카이도에 사는 내 친구는 반년 전 심근경색으로 쉰여섯 나이의 남편을 잃었다.

어느 날 오후, 남편은 회사에서 격렬한 가슴 통증을 호소하며 병원으로 실려 갔다. 곧바로 연락을 받고 달려온 부인에게 간호사는 지금 중환자실에 있어 면회는 불가능하다고 통보했다. "무슨 일이 생기면 전화 드릴 테니 일단 집에서 기다리세요."라는 간호사의 말에 그녀는 그리 심각한 상태는 아닌가 보다 싶어 가슴을 쓸어내렸다. 후쿠오카, 센다이, 도쿄에 살고 있는 세 딸이 이튿날 저녁에 친정에 급히 모여 병원으로 향했다. 주치의는 환자의 의식이 분명하고 병세가 호전되었으나 면회는 여전히 불가능하다고 말했다.

"제발 한 번만 만나게 해주세요. 아버지를 보기 위해 멀리서 왔어요."

가족이 아무리 부탁해도 허사였다. 불안한 나날이 이어졌다. 병원에서는 "무슨 일이 생기면 연락 드리겠습니다."라는 말만 되풀이했고, 딸들은 가정을 내버려두고 무작정 기다릴 수도 없는 노릇이기에 일주일 뒤 각자 집으로 돌아갔다.

입원한 지 9일째 되던 날이었다. 새벽 두 시에 전화벨이 울렸다. 집에 혼자 있던 부인이 수화기를 들자, 간호사의 지극히 사무적인 목소리가 흘러나왔다.

"환자분께서 30분 전에 사망하셨습니다. 담당 선생님과 시신 해부 상담이 있으니 즉시 와주십시오."

그녀는 그때의 상황을 떠올리면서 목이 메어 울먹였다.

"차라리 9일 대신 단 하루만 살 수 있었대도 좋아요. 우린 그이의 마지막을 지켜주고 싶었어요. 희미하게나마 의식이 남아 있던 그가 중환자실에 갇혀 어떤 마음으로 그 시간을 보냈을지 생각하면……."

나는 그녀의 셋째 딸을 '아키'라는 애칭으로 부르며 각별히 귀여워했다. 어린 시절부터 간호사가 되는 게 꿈이었던 아키는 아버지가 생을 마감했을 때, 국립대학 간호학과를 졸업할 무렵이었다.

　졸업 후 그녀는 어느 대학병원에서 1년간 실습생으로 일하게 되었는데, 마침 그 병원에 사촌 S의 남편이 입원했고 아키는 종종 S의 말동무가 되어주었다.

　고작 서른여섯 살인 S의 남편은 말기 암 환자였다. 그는 갈수록 기력이 쇠약해졌고 S는 그의 생명이 얼마 남지 않았음을 받아들여야 했다. 남편은 "더 이상 아픈 건 질색이다."라고 누차 말해왔기에 그녀는 20대의 젊은 주치의에게 조심스레 청했다.

　"치료해도 나을 가망이 없다면 고통 없이 평화롭게 숨을 거두게 해주세요. 제발 부탁드립니다. 무리하게 치료하지 말아주세요."

　마지막 순간이 머지않았음은 분명했다.

　남편이 숨을 거둔 날 아침, 젊은 의사는 극심한 고통으로 거친 숨을 내쉬는 남편의 허벅지에 굵고 커다란 주사를 꽂고 혈액을 다량으로 채취해 갔다. 어떤 방법으로도 남편을 살리는 건 불가능한데도 말이다. 굵은 주사바늘을 꽂는 순간, 의식이 희미해진 남편의 표정이 일순 격렬하게 일그러지는 것을 S는 지금도 결코 잊을 수가 없다고 했다.

　남편이 호흡을 멈출 듯이 괴로워하자 주치의가 달려와 간호사를 호되게 꾸짖으며 가족을 밖으로 내보내고 두꺼운 주사기를 남편의 심장에 내리꽂았다. S는 바늘이 남편의 가슴을 찢는 소리가 생생히 귓가에 들려오는 것만 같았다.

　"그만하세요. 제발 그만하세요!"

　그녀는 딸 아야와 함께 문밖으로 떠밀리면서 울부짖었다.

둘,

초등학교 2학년인 아야 역시 의사가 환자 위에 올라타 거칠게 심장마사지를 하고 있는 무시무시한 광경을 보고 놀라 소리쳤다.

"우리 아빠 괴롭히지 마!"

모녀의 애처로운 절규에도 의료진은 아랑곳하지 않았다. 그로부터 병실 문이 다시 열린 것은 남편이 고통에 휩싸인 표정으로 숨이 끊어진 직후였다.

아픈 기억을 떠올리며 S는 말을 이었다.

"저는 대학병원 측에서 남편의 시신을 해부하는 데 동의했어요. 분명 남편은 젊은 의사들의 의학 연구에 기여했을 테지요. 그렇게라도 생각하지 않으면…… 저는 도저히 살아갈 수가 없어요. 우리가 바란 건 단지 남편이 평화롭게 숨을 거두는 것이었는데, 병원은 의학이라는 이름으로 환자와 가족들의 절실한 바람을 끝내 외면해 버렸어요."

아키는 특별실에 입원한 50세 여성 환자가 호스를 가득 몸에 꽂은 채 "제발 집에 데려다 주세요!"라고 일주일 내내 외치다 죽어간 장면을 목격한 적이 있다. 환자의 집은 병원에서 차로 고작 15분 거리에 있었고, 집에는 팔순을 넘긴 노모가 있었다. 아키는 가슴 아프게 떠나보낸 자신의 아버지를 떠올리며 설령 집에 도착하자마자 바로 숨을 거두더라도 환자의 마지막 소원을 들어줘야 하는 게 아닐까, 하고 진지하게 고민했다.

이러한 일이 겹치면서 아키는 간호사가 되려는 의욕을 완전히 상실하고 말았다. 아버지를 잃은 슬픔도 견디지 못하면서 환자들을 제대로 보듬어 준다는 건 어불성설이었다.

밝고 웃음기 가득했던 아키의 얼굴은 수심이 가득하고 딱딱하게 굳어갔다. 나는 오하라 선생에게 그녀를 맡겨보고자 마음먹었다. 그동안 얼마나 많은 괴로운 영혼들이 선생을 만나 환한 미소를 되찾았던가!

오하라 선생과 나의 만남은 운명이라고밖에는 설명할 길이 없다.
1973년, 도호쿠에서 열리는 대학 학술제에 초대받아 강연을 마치고 귀가하던 길이었다. 내가 탄 기차가 달리기 시작한 순간 홈에 내려서 있던 오하라 선생과 눈이 마주쳤다. 일면식도 없는 사이였지만 이상하게 친숙한 기분이 들었다. 그건 나만의 느낌이 아니었다. 내가 강연한 대학의 고교 동창회장이자 쓰가루 단기대학의 염색 강사, 걸스카우트 현지 부장, 모 요양원 후원회장을 맡고 있던 그녀가 얼마 후 나를 쓰가루대학 강연에 초청한 것이었다. 그렇게 인연을 맺은 우리는 급속도로 가까워졌고, 나는 몇 번이고 쓰가루를 방문하며 그녀가 살아가는 방식에 깊은 감동과 영감을 받았다.
나는 아키에게 오하라 선생의 주소와 전화번호가 적힌 종이를 쥐여주며 이렇게 일러두었다.
"따뜻한 마음씨를 지닌 분을 소개해줄게. 마음에 들면 그곳에 얼마든지 묵어도 좋단다."
아키는 다소 석연찮은 표정을 지으며 고개를 끄덕였다.

나는 오하라 선생에게 누군가를 보낼 때 상대의 이름을 제외한 어떠한 정보도 일절 알려주지 않는다. 그녀는 선입관 없이 하얀 백지장 상태로 사람을 받아들이기 때문이다. 그래서 때론 예기치 못한 사건이 벌어지기도 한다.
어느 날 한 소년이 도쿄에서 신부의 소개로 선생을 찾아왔다. 그는 그곳에

둘,

서 하룻밤 묵은 뒤 "볼일이 있어 잠시 다녀올게요."라고 말하고는 아침에 나가 어둑한 저녁이 되어서야 돌아왔다. 그는 선생이 손수 만들어준 요리를 남김없이 먹어치우며 입을 열었다.

"신부님 구워삶는 거야 식은 죽 먹기야. 우리 집은 아빠가 제법 큰 회사 사장이라 용돈이 궁하면 주머니에서 슬쩍해도 아무도 모른다고. 노인네들은 다 내 밥이지. '우리 가족이 겉으론 행복해 보여도 부모님은 오래전부터 별거 중이고 아빠는 종종 나한테 손찌검을 해서 심할 땐 생명의 위협까지 느껴요. 그럴 때마다 엄마는 나에게 달라붙어 울음을 터트리지만 정작 따듯한 밥 한 끼 해준 적 없어요.'라고 불쌍한 표정을 지으며 말하면 게임 끝이라고. 참, 오늘 볼일이 있다고 했지? 뭔지 알아? 그 볼일이란 다름 아닌 소매치기야. 오늘은 센다이까지 갔다 오느라 피곤해 죽겠어. 그나마 수입이 짭짤했으니 망정이지."

묵묵히 소년의 이야기를 듣고 있던 그녀는 다음 날 "오늘은 일 쉬렴." 하고 말하며 소년을 장터에 데리고 가서 그가 먹고 싶어 하는 생선을 사 와 스시를 만들어 주었다. 오하라 선생이 다른 일로 바쁠 때는 주변에 사는 지인들이 대신 소년을 돌봐주었다. 그는 일주일가량 그곳에 머무르면서 아이처럼 선생의 뒤를 졸졸 따라다녔다. 더 이상 '일'은 나가지 않았다. 심지어 자신의 노하우를 스스럼없이 털어놓으며 이런 충고마저 했다.

"여관에 묵을 때 절대 금고 안에 돈 넣어두지 마. 가장 털기 쉬운 케이스니까."

그녀는 사뭇 진지한 표정으로 답했다.

"지금까진 마음 푹 놓고 다녔는데 앞으론 불안해서 여행도 제대로 못하겠네."

소년은 천진난만하게 말을 이었다.

"선생님을 만나게 돼서 도둑질하는 즐거움이 사라져 버렸어. 부모님은 내가 여기 와 있는 거 몰라. 그냥 친구랑 학교에서 합숙 간 줄 알지. 난 엄마 아빠는 속여도 선생님은 못 속일 것 같아. 앞으로 내가 또 도둑질하고 있지는 않은지 걱정할 걸 생각하면 신경도 쓰이고. 아아, 내가 졌어. 앞으론 그런 짓 안 할래. 가끔씩 놀러 와도 되지?"

소년은 개운한 표정으로 마지막 인사를 건네고 집으로 돌아갔다.

내가 아키에게 오하라 선생의 주소를 건네고 2주 뒤, 아키는 딴사람이 된 듯 생기발랄한 모습으로 내 앞에 나타났다. 그녀는 오하라 선생의 삶의 방식을 고스란히 체화하며 더없이 소중한 시간을 보냈다고 했다.

쓰가루에 벚꽃이 만개하는 4월 말. 주소와 전화번호밖에 모르지만 아키는 왜인지 오하라 시온이라는 사람을 만나고 싶었다. 무심코 열차 시간표를 알아보다가 어디서 용기가 난 건지 오하라 선생에게 전화를 걸었다. 전화를 받은 선생은 마치 친한 친구처럼 허물없이 대했다.

"몇 시에 도착하나요? 역으로 마중 나갈게요."

아키는 그 자리에서 결정했다. 그날 밤 기차를 타고 다음 날 아침에 도착하기로.

난생처음 밤 열차를 타고 도착해보니 역 앞에는 오하라 선생이 마중 나와 있었다. 그녀는 "기다리고 있었어요."라고 부드럽게 말하며 아키의 짐을 들어 함께 택시를 탔다. 집까지는 15분 남짓한 거리였는데, 그동안 선생은 줄

둘,

곧 침묵을 지키고 있었다. 기나긴 여행으로 녹초가 된 아키를 위한 배려였다. 아키는 그녀에 대해 아무것도 알지 못했지만 곁에 있는 것만으로도 마음이 평온해지는 느낌이었다.

오하라 선생의 집은 염색 공방과 부엌, 다다미방 두 개가 있는 1층과 여덟 장과 여섯 장 다다미방이 있는 2층으로 이루어져 있었다. 아키는 2층 다다미방에 짐을 풀고 빳빳한 새 종이를 붙인 장지문을 통해 들어오는 따사로운 봄 햇살을 온몸으로 느끼며 안도의 한숨을 내쉬었다.

곧이어 단아한 그릇에 담긴 아침 식사가 나왔다. 연어, 연어알, 가리비 등의 쓰가루 특산물과 삼나무 그릇 안에 정갈하게 담긴 따끈따끈한 쌀밥, 구수한 향기를 풍기는 된장국이 식욕을 자극했다. 두 사람이 식사를 하는 동안 오하라 선생은 아무것도 묻지 않았다. 그 순간, 모든 시간이 아키를 위해 존재하는 듯했다. 아키는 고요한 시간 속에서 굳게 닫힌 마음의 문이 서서히 열리는 것을 느꼈고, 마음속 깊은 이야기를 하나둘씩 꺼내놓기 시작했다. 선생은 잠자코 경청하며 가끔씩 고개를 끄덕이곤 했다. 아키는 차마 남들에게 말할 수 없었던 고민을 토로하는 과정 속에서 가슴이 후련해지기도 했고, 스스로 문제를 정리하며 해답을 찾기도 했다.

다음 날, 오하라 선생은 어시장에서 아키가 먹고 싶은 생선을 사 왔다. 그녀는 가히 프로급 솜씨로 눈 깜짝할 사이에 맛깔스러운 스시를 뚝딱 만들어 냈다.

아키는 그곳에 엿새간 머물렀다. 선생의 집은 하루에도 줄을 지어 찾아오는 방문객들로 문지방이 닳을 지경이었고, 수많은 사람들이 가족처럼 집 안을 돌아다니며 손님 대접을 하느라 분주했다. 그들은 아키가 행여 불편하지 않을까 세심하게 배려하며 다정히 대해주었다.

　오하라 선생은 20년 전 남편과 사별했다. 얼마 후 근처에 특별요양시설 'O홈'이 생겼고, 그녀를 중심으로 후원회가 결성되었다. 발족 미사식이 열리는 날, 캐나다에서 온 신부가 짧은 연설을 했다. 고국에 돌아가지 않고 홋카이도에서 성심성의껏 성직 생활을 하고 있는 그의 행실은 평소에도 타인의 본보기가 되는 터였다.
　"봉사 없는 인생은 의미가 없습니다. 그런데 봉사를 하려면 희생을 해야 합니다. 희생 없는 봉사는 진정한 봉사가 아니지요. 희생이란 자신에게 소중한 것을 타인을 위해 가감 없이 내어주는 것입니다."
　신부가 자신의 말 그대로 실천하고 있었기에 감동은 더욱 컸다. 신부의 연설에 깊은 울림을 받은 선생은 자신이 타인을 위해 줄 수 있는 소중한 것이 무엇인지 곰곰이 생각했다. 재능도, 경제력도 자랑할 게 없었다. 그녀는 자신에게 있는 것이라곤 인간이라면 누구나 평등하게 부여받은 시간과 마음이라는 결론에 도달했다.
　홋카이도의 어느 대학에는 각지에서 모여든 여학생들이 혼자 살고 있었다. 고향을 등지고 아는 사람 한 명 없이 타지에서 보내면서 외로워할 학생들을 위해 그녀는 일주일에 한 번 천연염색법을 가르치면서 소박하지만 자신이 만든 따뜻한 밥 한 끼 대접하고자 마음먹었다. 봉사활동을 시작한 지 얼마 안 돼 곧바로 입소문이 퍼졌고, 얼마 후엔 학생이 아닌 사람들까지 찾아왔다. 밀려드는 인원을 감당하기 힘들어지자 그녀는 집을 전부 개방해 버렸다. 애당초 그녀에게 고민 상담을 해오는 사람들이 수시로 드나들던 터였다.

둘,

내가 '오하라 선생님의 먹거리 철학'이라고 이름 붙인 게 있다. 벼랑 끝에 내몰려 지푸라기라도 잡는 심정으로 찾아온 사람이 있으면 그녀는 일단 간단한 음식을 대접한다. 만일 상대가 도저히 입에 대지 못한다면 우선 마음을 차분히 가라앉히고 이야기를 들어준다. 가슴속에 답답한 번뇌가 가득 차 음식이 들어갈 여지가 없기 때문이다. 이는 굉장한 위험신호로, 이대로 돌아가면 자살할 가능성마저 있다. 상대가 말문을 열 때까지 묵묵히 호흡을 맞춰주고, 서서히 마음을 안정시킨 상대는 '이제 됐다' 싶을 때 마치 막힌 숨을 토해내듯 봇물처럼 이야기를 터트린다.

일단 말문이 터지면 그녀는 온 신경을 기울여 경청한다. 한순간이라도 잡념이 비집고 들어오면 모처럼 마음의 문을 연 상대는 다시 마음의 문을 굳게 걸어 잠그고 깊은 침묵에 빠져버리기 십상이다. 그러므로 상대가 된 듯한 마음으로 모든 기운을 집중해야 한다. 그러다 보면 어느 순간 상대의 고통이 서서히 온몸으로 전해진다.

침묵이 길어지면 적당한 때를 봐서 "그래서요?"라든지 "더 이야기하고 싶은 건 없나요?"라며 부드럽게 묻는다. 아직 가슴이 답답한 상태라면 얼마 후 이야기를 이어간다.

가치 판단은 일절 하지 않는다. 특히 비난은 금물이다. 상대의 입장이 되어 진심으로 자기 얘기를 귀담아듣는 사람이 곁에 있다면 누구나 본래의 자기 모습으로 돌아오기 마련이다. 처음에는 사람들이 나쁘고, 자신은 운이 없다며 신세 한탄을 한다. 그렇게 묵은 앙금을 죄다 토해 낸 다음에는 자신도 잘못한 점이 있음을 깨닫는다. 스스로 생각지도 못했던 자신의 모습이 보이기 시작하는 것이다. 그리고 지금껏 마음을 괴롭혀온 분노, 불안, 두려움, 절망감, 죄책감, 피해의식 등을 솔직하게 털어놓기 시작한다. 자신의 결점을 받아들이는 솔직함이야말로 스스로를 치유하는 원천임을 그녀는 경험을 통해 뼈저리게 느끼는 바였다.

사람은 누구나 깊은 지혜를 가지고 있다. 자신에게 정직해지면 누구나 스스로 답을 찾아낼 수 있다.

시어머니의 지독한 괴롭힘에 시달린 나머지 몸과 마음이 만신창이가 되었다고 호소하는 며느리가 한바탕 가슴속 응어리를 쏟아내고 난 다음에는 이렇게 말한다.

"……하지만 저도 잘한 건 없어요. 시어머니에게 꼬치꼬치 말대답하는 대신 '네' 하고 한마디만 하면 조용히 끝나는데 말이에요. 사실 시어머니도 저한테 마음 많이 상하셨을 거예요."

오하라 선생은 상대가 스스로 답을 도출해낼 때는 "그래요" 하고 분명하게 반응한다. 반면 상대가 갈피를 잡지 못하고 헤매고 있으면 그 사람이 답을 내릴 때까지 인내심을 가지고 기다린다.

자신이 갖고 있는 문제에 대해 해결의 실마리가 보이면 대부분은 표정부터 달라진다. 남 탓만 하며 살아온 자신을 되돌아보면 타인의 시점에서 자신을 보게 된다. 그리고 지금까지 어두운 그늘에 싸여 있는 얼굴에는 언제 그랬냐는 듯 따뜻하고 밝은 미소가 넘친다.

오하라 선생은 요리의 달인이다.
'제철 음식을, 손으로 직접, 정성을 담아, 신속하게'

둘,

이것이 그녀의 요리 원칙이다.

"마음을 치유 받는 지름길은 손수 만든 요리라고 생각합니다. 마음이 아프면 몸도 덩달아 약해지지요. 그러니 우선 좋은 음식으로 몸에 에너지를 보충할 필요가 있어요. 여기서 중요한 건, 손수 만든 요리에 담긴 진심을 함께 나누는 거예요. 차라도 한 모금 대접하고 밝은 얼굴로 손님을 보내면 그 사람은 반드시 다시 옵니다. 태도도 전보다 한결 부드러워져 있지요. 어두운 얼굴로 답답한 마음을 토로하며 온 사람이 음식에 전혀 손을 대지 않는다면 인간에 대한 불신감이 팽배한 경우가 많습니다. 매우 위험한 상황이에요. 반면 식사를 하고 나서 자신이 사용한 식기를 정리하고 돌아가는 사람은 안심해도 됩니다. 타인을 배려하는 마음을 갖고 있다는 증거니까요. 이런 사람은 사회생활을 시작해도 무리가 없습니다."

그녀를 만나 위기를 극복한 사람들은 인생을 적극적으로 살기 시작한다. 타인과 자신을 용서하고, 사람의 소중함을 느끼고, 새로운 희망을 가진다. 심지어 다른 누군가의 든든한 버팀목이 되어주기도 한다.

선생은 자신을 찾아오는 사람들을 만나는 데 낮 시간 대부분을 할애한다. 손님들이 물러간 깜깜한 밤이 되어서야 부엌으로 들어가 그녀의 특기인 채소 절임을 담근다. 밤을 새는 경우도 허다하다. 날이 밝으면 언제 누가 찾아와도 밥을 내어올 수 있을 만큼 엄청난 양의 밥을 짓는다. 밥과 채소 절임만 있으면 그때그때 적당히 다른 반찬을 내어 와 밥 한 그릇을 뚝딱 비울 수 있다.

그녀의 집에는 실로 다양한 사람들이 방문한다. 자신의 지나온 삶을 되돌아보고 반성하고자 하는 사람이나 타인을 위해 자신의 남은 인생을 바치려는 사람부터 비행 청소년, 가출 청소년, 조직폭력배, 사채에 쫓기는 주부, 정신병원에서 퇴원했지만 오갈 데 없는 중년 남성, 파산한 회사 중역, 끝없는 싸움으로 지친 부부, 가정 내 폭력에 시달리는 아내, 등교 거부 아이를 둔 부모, 암 선고를 받고 절망한 환자, 사랑하는 연인을 저세상에 보내고 비탄에 잠긴 젊은이 등등, 세상에 존재하는 온갖 희로애락이 몰려든다.

이뿐만이 아니다. 지역 사람들을 비롯해 그녀 덕분에 새 삶을 찾은 사람들은 필요할 때 도움을 주기 위해 기꺼이 발걸음을 옮긴다. 오하라 선생을 만나 괴로운 현실을 극복하고 현재 음악을 가르치는 젊은 여성은 바쁜 시간을 쪼개어 집 청소를 하거나 방문객을 접대하기 위해 쓰가루를 찾는다. 출퇴근하는 사람은 휴일에 모여든다. 남자도 많다. 사회적 지위 고하를 막론하고 모두가 자신만의 개성을 살려 방문객들을 따뜻하게 맞이한다.

나는 오하라 선생의 조그마한 체구 어디서 대체 그런 에너지가 샘솟는지 신기했다. 언젠가 이런 질문을 한 적이 있다.

"지치거나 화가 날 때는 없나요?"

"물론 있지요."

"그런데 어떻게 한결같이 평정심을 유지할 수 있지요?"

"저도 마음속이 꽉 막히고 답답해서 멍해질 때가 있어요. 그런데 다른 사람한테는 그런 모습이 도리어 차분해 보이나 봐요. 꽤 오랜 시간 멍하니 있으면 상대는 이미 돌아간 뒤거나 상황이 달라져 있는 등 더 이상 내가 어찌할 수 없는 상태일 때가 많거든요. 제 원칙은 이거예요. 사람은 반드시 좋아진다고 10년 동안 믿어보기! 그럼 그 사람은 반드시 좋아집니다."

말이야 쉽지 10년이란 보통 세월이 아니다. 오죽하면 10년이면 강산도 변한다고 하겠는가. 하지만 그녀는 굳은 확신을 가지고 이제껏 실천해오고 있

둘,

다. 사람에 대한 뿌리 깊은 신뢰가 있기에 가능한 일이리라.

아키는 오하라 선생의 삶의 방식을 보고, 듣고, 경험했다.

날마다 아키를 위해 많은 사람들이 모여 정갈하고 푸근한 식사를 즐겼다. 젊은 여성부터 나이 지긋한 할아버지까지, 직업도 각양각색이었다. 배경이 다른 그들이 '오하라 시온'을 중심으로 무수한 연결고리를 형성하고 있었다.

아키가 쓰가루에 도착하고 며칠 뒤, 오하라 선생이 제자의 병문안을 간다고 하기에 아키도 따라나섰다.

"작년 가을 고교-단대 합동 동창회에서 접수대에 서 있는데 오랜만에 만나는 사람들이 서로 다른 인사를 하기에 좀 놀랐어요. 어떤 사람은 '오하라 선생님, 건강해 보여요.'라고 말하고, 어떤 사람은 '몸이 좀 안 좋으세요?' 하며 걱정해 주더군요. 심지어 누군 '살쪘다'고 하고, 누군 반대로 '말랐다'고 하고요. 그런데 그중 가장 눈에 띈 건 바로 요코였어요. '선생님, 몸 괜찮으세요? 어디 아프진 않으시고요? 많이 지쳐 보여요. 정말 괜찮으세요?' 하면서 몇 번이고 반복해서 묻더군요. 지나치게 걱정해줘서 나는 정말 병에 걸린 기분이 들 정도였어요. 하지만 지금 생각해보니 요코 자신이 병에 걸렸기 때문에 다른 사람도 아픈 것처럼 보인 게 아닐까 싶어요."

요코의 상태는 한눈에 봐도 남은 시간이 얼마 남지 않은 듯했다. 폐암으로 숨도 제대로 쉬지 못하고 잔뜩 포개놓은 이불에 등을 기대 얕은 숨을 내쉬는 게 고작이었다.

"선생님, 와주셨군요."

남편 가사이 씨가 반갑게 인사하고는 요코의 어깨에 손을 올리고 천천히 무언가를 말했다. 요코는 눈을 뜨고 시선을 두리번거렸고 오하라 선생을 발견하자 천천히 얼굴에 화색이 돌았다. 그녀는 선생 쪽으로 앙상하게 마른 손을 내밀었다. 그러나 가녀린 팔은 이내 픽 하고 힘없이 떨어졌다. 다시 눈을 감은 요코는 괴로운 듯 신음 소리를 내기 시작했다.

"아파? 많이 아픈 거야?"

당황한 남편은 큰 소리로 아내의 어깨를 잡았고 오하라 선생은 그를 붙잡아 침대 옆 의자에 앉혔다. 그는 침통한 어조로 말을 이었다.

"열여덟 살 꽃다운 나이에 저한테 시집와서 20년 동안 죽도록 고생만 했는데……."

선생은 요코를 뒤에서 양팔로 안고 신음 소리 속도에 맞추어 낮게 중얼거렸다.

"아프구나. 우리 요코가 아프구나."

마치 엄마가 아이를 다독이듯 부드럽고 다정한 모습이었다.

남편은 말없이 두 사람을 지켜보았고 이내 두 눈이 붉게 물들었다. 그는 북받치는 감정을 주체하지 못하고 울먹이다가 갑자기 허리를 펴고 병실이 떠나가라 노래를 부르기 시작했다.

마리아 수녀님의 마음
그것은 푸른 하늘
우리를 감싸주는 푸르른 하늘

그 순간, 오하라 선생은 요코와 마치 한 몸이 된 듯 같은 호흡을 하기 시작

둘,

했다.

마리아 수녀님의 마음
그것은 떡갈나무
우리를 지켜주는 강인한 떡갈나무

점점 두 사람의 호흡이 가사이 씨가 부르는 노래의 리듬에 일치되었다. 낮게 터져 나오는 요코의 신음 소리는 마치 허밍을 하는 것처럼 들렸다.

마리아 수녀님의 마음
그것은 휘파람새
우리와 노래하는 숲속의 휘파람새

아키는 가슴이 뭉클해졌다. 바람에 흔들리면서도 꿋꿋이 피어나는 야생화는 요코, 단단한 대지 속에 깊고 넓게 뻗어 있는 뿌리는 바로 오하라 선생이라고 생각했다.

아키는 문득 우에노 도쿄문화회관에서 들었던 오스트리아 필하모니 관현악단의 환상적인 음악회를 떠올렸다. 거대한 음악당을 가득 메운 수천 명의 청중들이 무대 위 연주자들과 혼연일체가 되어 지휘자가 흔드는 하얀 지휘봉의 움직임에 맞추어 함께 호흡했던 모습. 지금 이 병실에서 당시 음악회에서 느꼈던 분위기가 그대로 재현되고 있었다.

노래를 끝마친 요코는 마지막 힘을 내어 선생의 어깨에 고개를 대고 깊은 잠에 빠졌다. 잠시 후 가족과 일가친척이 하나둘씩 모여들었고, 오하라 선생과 아키는 조용히 병실을 나와 저녁노을이 붉게 물든 거리를 걸어 집으로 돌아왔다.

아키는 궁금했다. 대체 무엇이 요코에게 잠시나마 생명의 불꽃을 타오르게 했는지. 오랜 시간 수많은 사람의 죽음을 지켜본 오하라 선생은 아키의 질문을 받고 얇은 미소를 머금었다.

"임종이 다가오기 직전에, 건강을 되찾는 시기가 찾아온답니다. 갑자기 생기를 띠고 식욕이 생기고 말문을 열기도 하지요. 더 이상 가망이 없다고 체념하던 가족들은 기적이라도 일어난 듯 다시 희망에 타오르지요. 하지만 그건 세상과 이별하기 전 받은 마지막 선물과도 같은 거예요. 잠시 건강해진 환자는 먼 길을 떠나기 전 주변 사람들에게 마음속에 묻어둔 이야기를 털어놓고 싶어져요. 하지만 용기를 내기가 쉽지 않지요. 그때 함께 호흡을 나누면서 일체감을 느끼면 비로소 환자는 안심하고 조심스레 입을 열어요. 그 순간을 놓치지 말고 말을 걸어서 물꼬를 터주면 이내 가슴속에 담아둔 이야기를 쏟아내지요. 오랫동안 막혀 있던 둑이 터지는 것처럼요."

"결국 일체감이 중요하군요."

"그래요."

"어떤 이는 환자의 발을 쓰다듬어 주면 좋다고도 말하던데요."

"꼭 발이 아닐 수도 있어요. 환자가 그때 바라는 것을 해주는 게 좋아요. 어떤 환자는 발보다는 시트 주름을 빳빳하게 펴주길 바랄지도 모르지요."

"네."

"세상을 떠날 때가 되면 사람은 한없이 외로워져요. 가령 누가 유학이라도

둘,

가면 가족이 떠나는 길을 배웅해 주잖아요. 사랑하는 사람들과 헤어지고 모국과 이별하고 미지의 나라로 떠나는 불안감은 얼마나 클까요. 하물며 이승과 완전히 작별을 고하고 전혀 다른 세상으로 홀로 떠나려는데 당사자가 느낄 심정은 오죽하겠어요. 그래서 마지막 떠나는 길에 가족이 곁을 지켜주는 것은 너무도 중요해요. 요코가 고통스러워할 때 남편은 '아파?' 하고 물었지만 내가 '아프구나' 하고 바꿔주었지요. '아파?' 라고 말할 때는 아파하는 사람과 그것을 지켜보는 다른 사람이 존재해요. 하지만 '아프구나' 라고 하면 같은 입장에서 함께 느끼는 거예요."

"죽을 날만 기다리고 있는 환자가 갑자기 건강해지면 가족들은 정말 기뻐하겠네요. 기적적으로 나았다고 생각할 테니까요."

"그래요. 그들은 흥분한 나머지 환자에게 일단 무언가를 먹이려고 해요. 환자가 먹지 않으면 코를 막고 억지로 밀어 넣는 가족도 있어요. 하지만 그건 진정 환자를 위한 행동이 아니에요. 죽음이 눈앞에 다가온 사람은 자신에게 시간이 얼마 남지 않았음을 직감적으로 느껴요. 이 세상에 이별을 고하고 새로운 세계로 떠나려는 중요한 순간에, 주변 사람들이 자기 욕심만 앞세워 억지로 그를 이 세상에 남겨두려고 하는 거예요. 하지만 생을 마감하는 사람에게 정말로 필요한 건 편안히 새로운 세상으로 떠날 채비를 할 수 있도록 위로와 용기를 주는 일이 아닐까요. 물론 환자마다 사정이 다를 테니 정답은 없겠지요. 다만 곁에 있는 사람들이라면 환자 입장에 서서 조금이라도 평화롭게 먼 여행을 떠날 수 있도록 배려해 주었으면 좋겠어요."

아키는 봄기운이 조금씩 움틀거리는 이와키산을 가만히 바라보았다. 평생의 신조를 전수받은 기분이었다.

"이와키산은 우리에게 고향의 어머니와 같아요. 이 마을이 오래전부터 추위 피해 없이 이어져 온 건 이와키산이 홋카이도의 매서운 찬바람을 막아준 덕분이에요. 이 마을은 이와키산의 은혜를 가득 입고 있어요."

요코는 다음 날 숨을 거두었다. 노래를 부르려고 입술을 오물거리는 천진난만한 여자아이의 표정이었다고 한다.

4월 초순의 홋카이도는 여전히 쌀쌀한 기운이 가득했다. 4월 말경이 되어야 새들이 재잘거리고 푸른 잎사귀가 나온다는데 희한하게도 4월 초에 행해진 요코의 장례식에는 휘파람새가 끊임없이 울어댔다. 조문객들은 "이렇게 이른 시기에 휘파람새가 우는 걸 본 적이 없다"며 신기하게 바라보았다. 아울러 휘파람새가 우는 소리가 이렇게 아름다운 적이 없었다고 입을 모았다.

묘지를 좀처럼 떠나지 못하고 서성대던 가사이 씨가 다가와 "휘파람새 덕분에 아내도 조금은 행복하겠지요."라며 눈물을 글썽였다. 아무리 우연이라지만 휘파람새는 요코의 노래를 떠올리게 했다. 오하라 선생과 아키도 감동에 사로잡혀 고개를 끄덕였다.

쓰가루에서 돌아온 아키는 얼마 후 정식으로 병원에 출근하기 시작했다.

지금 아키는 베테랑 간호사로서 누구보다 열정적으로 환자들을 돌보고 있다. 환자들은 아침에 일어나 아키의 웃는 얼굴을 보면 왠지 모르게 안심이 된다고 말한다. 수술을 바로 앞둔 환자는 아키가 언제 쉬는지 확인하고 수술 날 그녀가 출근하면 안도의 가슴을 쓸어내린다.

얼마 전 나를 찾아온 아키가 웃으면서 이렇게 말했다.

"중환자 병동에서 '마리아 님의 마음' 노래를 모르면 간첩이에요."

둘,

우리는 휘파람새가 지저귀는 이와키산의 듬직하고 포근한 모습을 떠올렸다. "이와키산은 우리에게 고향의 어머니와 같아요."라고 말하던 오하라 선생의 모습이 겹쳐졌다. 그녀에게 전수받은 마음의 등불은 아키를 통해 환자들의 마음으로 하나둘씩 점화되고 있었다.

셋,
이 세상과
작별을 고하는 순간,
내 이름을 불러주오

이름은 그 사람의 독자성을 의미한다. 성서에서 이름을 부르는 행위는 인간에 대한 신의 무한한 사랑을 뜻한다. 다른 무엇과도 바꿀 수 없는 존재로 인정하는 것이다. 자신의 이름이 불린 사람은 이렇게 느낀다.
'인생을 정처 없이 떠도는 나, 그런 나에게 마음 써주는 사람, 수많은 사람들 중에서 나를 선택하고 내 눈을 바라보고 나를 기억하고 나를 특별한 사람으로 느끼게 해주는 사람.'

눈 내리는 밤이면 어렴풋한 광경이 하나 떠오른다. 나는 새하얀 눈길을 하염없이 걷고 있다. 소복이 쌓인 눈이 세상에 존재하는 일체의 소리를 덮어버리고 눈 위를 걷는 내 발자국 소리만이 쓸쓸하게 흩어진다. 사각사각 눈을 밟을 때마다 한 편의 시가 메아리친다. 이러한 풍경이 내 마음에 아로새겨진 것은 아오모리의 한 노인과의 만남에서 비롯되었다.

몇 년 전, 평소와 다름없이 오하라 선생과 요양원을 방문한 나는 낯선 노인을 발견했다. 그곳에 있는 것 자체가 이상할 만큼 기품 있고 단정한 용모를 지닌 그는 한눈에도 눈에 띄었다. 이 멋진 노신사의 별명은 이미지와는 달리 '산 할아버지'. 관리자의 말을 들어보니 그는 그야말로 수수께끼로 둘러싸인 인물이었다.

모리오카 시와 히로사키 시를 관통하는 산속에서 잔뜩 웅크리고 있는 그를 발견한 건 두 달 전쯤의 일이었다. 소지품은 하나도 없고 아무것도 기억하지 못했다. 주변을 탐문하던 중, 신칸센 모리오카 역에 내리는 것을 봤다는 목격자가 나타났지만 어디에서 온 누구인지는 작은 실마리조차 발견할 수 없었다.

알츠하이머가 의심되었던 터라 일단 가까운 요양원에 입소 조치되었다.

셋,

혹여 가족이 애타게 찾고 있진 않을까 싶어 그 지역 여행객들을 대상으로 광범위한 조사가 이루어졌지만 헛수고였다.

요양원에서는 본명을 모르니 '산 할아버지'라는 별명을 붙여주었다. 산에서 영문을 모른 채 발견된 사연이 강렬했던 모양이다. 이후, 그는 수시로 요양원에서 종적을 감추고 바람처럼 동에 번쩍 서에 번쩍하면서 주변 사람들을 놀라게 했다. 한번은 인적 하나 없는 산속에서 그를 보았다는 마을 노인이 당시 상황을 이렇게 설명했다.

"실로 범상치 않은 걸음걸이였어. 석양을 등지고 마치 하늘을 훨훨 날아갈 듯했다니까. 칠척장신 뒤로 후광이 비치고 있었지. 순간 홍법대사(弘法大師, 일본 헤이안시대의 고승)가 환생해 산봉우리 사이를 단숨에 날아다니는 줄 알았지 뭐야."

산 할아버지 옷에는 속옷을 포함해 요양원 연락처가 큼지막하게 수놓아져 있었다. 그럼에도 그는 언제나 하루 정도 지난 뒤에 발견되곤 했다. 듣기로는 도저히 노인의 걸음걸이라고 상상할 수 없을 만큼 빨라서 등 뒤에 수놓아진 연락처가 보이지 않을 정도라는 것이다. 하루에 걸은 거리라고는 믿기 힘들 만큼 멀리 떨어진 지역에서 지쳐 쪼그리고 앉아 있는 게 눈에 띄어 요양원으로 데려오는 일이 허다했다. 요양원 직원들과 산 할아버지의 술래잡기는 이후로도 수차례 이어졌고, 모두들 그의 귀신같은 행보에 혀를 내둘렀다. 결국 사람들은 산 할아버지를 요양원에 붙잡아두는 걸 포기하고 한 번씩 역마살이 도지려니, 하고 이해하게 되었다.

알츠하이머 환자라고는 해도 키가 크고 정정하며 세련된 표준어를 구사하는 그는 겉으로 보기엔 어느 대기업 회장님 같았다. 평소에는 그토록 교양

넘치고 예의바른 그가 한번 '병'이 도지면 같은 사람인가 싶을 만큼 180도 달라진다. 마치 세상 모든 것을 포기하고 달관한 도인의 모습이랄까.

그는 모든 지식과 정보를 깡그리 잊어버렸음에도 누가 자신에게 선의를 갖고 있는지 아닌지를 본능적으로 알아차렸다. 무례하게 취급당하면 극도의 거부반응을 보이고 옷을 벗기려고 하면 버럭 고함을 지르며 달려들기도 했다. 나는 그가 최소한 인간으로서 존엄성을 지키고자 하는 마음 때문이라는 생각이 들었다. 이는 비단 산 할아버지에 국한된 일이 아니라 치매 노인들에게 공통적으로 나타나는 현상이다. 함부로 취급당하는 일을 완강히 거부하고 자신에게 친절하게 대하는 사람을 분별해낸다. 다시 말해 인간으로서의 존엄성을 마지막까지 지키려 하고 애정에 분명한 반응을 보이는 것, 이 두 가지는 인간의 근본적인 토대를 이루는 요소다. 아무리 몸과 마음이 병들어도 본능적으로 작동하는 이유가 여기에 있다.

예사롭지 않은 일화를 들으며 나는 산 할아버지가 어떤 과거를 살아왔을지 더욱 호기심이 일었다. 하지만 지금으로선 알 도리가 없었다. 여하튼 그는 1분 전의 일조차 깡그리 잊어버리고, 과거도 미래도 없이 오직 바로 지금 이 순간만을 살아가고 있는 것이다. 근심 걱정 따위는 그와 무관한 일이었다. 세상만사를 초월한 그의 표정을 가만히 들여다보고 있자니 료칸(良寬, 시인이자 서예가로 이름을 떨친 승려)이 연상되었다.

이듬해 나는 다시 쓰가루를 방문했고, 요양원에 산 할아버지의 안부를 물었다. 몹시 위중한 상태라는 답변을 듣고 나는 오하라 선생과 급히 요양원으로 달려갔다. 폐렴에 걸려 고열 증세를 보이는 그는 1인실로 옮겨져 있었다. 온몸은 힘없이 축 늘어져 있고 호흡도 불규칙했다. 오하라 선생이 그의 손을

셋,

부여잡았고, 나도 그의 가슴에 손을 대고 함께 호흡을 맞추었다. 환자가 얼마나 짧고 거친 숨을 내쉬는지 나는 다시 한 번 실감했다. 우리는 격렬하게 토해내는 급박한 호흡에 맞추고자 안간힘을 쓰면서 마음속으로 그가 진정되기를 기도했다.

어느덧 그의 호흡이 안정되어 갔고, 표정에 평온함이 서서히 깃들기 시작했다. 우리는 누가 먼저랄 것도 없이 "산 할아버지, 산 할아버지." 하고 말을 건넸다. 그러자 지금까지 고열에 시달리며 의식 없이 눈을 감고 있던 그가 별안간 눈을 번쩍 뜨고 무언가 중얼거리기 시작했다. 하지만 워낙 느리고 힘겹게 숨을 내쉬며 말하는지라 무슨 내용인지 알아듣기는 힘들었다.

내 손에 연신 산 할아버지의 뜨거운 입김이 닿았다. 나는 그가 토해내는 호흡에 맞추어 입을 열었다.

"산 할아버지, 뭐라고 하셨어요? 조금 더 크게 말씀해주실 수 있나요? 잘 듣고 있어요. 전하고 싶은 말이 있다면 뭐든지 말씀하세요. 잘 듣고 있어요."

한마디, 한마디 또렷하게 힘을 주며 말했다. 처음에는 전혀 알아들을 수 없었던 그의 목소리가 점점 커지는가 싶더니, 갈수록 발음이 명확해졌다. 나는 '혹시 노래를 부르시는 건가?' 하고 생각했다. 나는 얼른 "무슨 노래예요? 조금만 더 큰 소리로 불러주시겠어요?" 하고 말했다. 하지만 유심히 들어보니 노래라고 하기엔 느낌이 조금 틀렸다.

"산 할아버지, 노래는 아니군요."

그는 피로해진 기색으로 잠시 입을 다물었다. 그러고는 깊은 잠에 빠져들듯 오랫동안 침묵을 이어갔다.

우리는 그가 잠을 청하나 보다 싶어 조심스레 병실 입구를 향했다. 바로 그때, 또렷한 목소리가 들렸다. 잠자코 들어보니 노부타이(能舞台, 사방 6미터의 간소한 무대에서 상연되는 일본의 전통 가면 악극) 가사였다. 그는 또박또박 발음했고 이번에는 정확히 들렸다.

"내 이름을 불러주오."

깜짝 놀란 우리가 되돌아보자 그는 굳게 눈을 감고 있었다. 무슨 의미인지 알 수 없었지만 혹시 '이름을 불러주길 바라시는 건가?' 하고 생각한 나는 "산 할아버지, 뭐라고 부를까요? 뭐라고 불러야 좋을까요?" 하고 재차 물었다.

그는 불경을 외우듯 반복해서 읊조렸다.

내 이름을 불러주오.
내 이름을 불러주오.
내 이름을 불러주오.

"뭐라고 불러야 하나……."

때마침 그 자리에 있던 관리자 아주머니가 답답한 마음에 혼잣말을 했다. 그러자 산 할아버지는 또다시 굳게 입을 다물었다. 우리는 그저 묵묵히 침묵을 지키는 수밖에 도리가 없었다.

얼마나 시간이 흘렀을까. 돌처럼 딱딱하게 굳어 있던 산 할아버지가 감전이라도 된 듯 몸을 부르르 떨었다. 우리가 놀라서 쳐다보자 그는 청산유수로 거침없이 말을 쏟아내기 시작했다. 한 번 봇물이 터지자 걷잡을 수 없었다. 불분명한 말투는 시간이 지날수록 점점 또렷해졌고 규칙적인 운율을 띠었다.

셋,

내 이름을 불러주오.
어린 시절 부르던 이름으로
내 이름을 불러주오.

내 이름을 불러주오.
어린 시절 부르던 이름으로
내 이름을 불러주오.

내 이름을 불러주오.
어린 시절 부르던 이름으로
내 이름을 불러주오.

초라한 지금 한 번만 더
내 어린 시절 부르던 이름을 불러주오.

바람 부는 날 멀리서
내 이름을 불러주오.
정원 한편에 녹차꽃이 피던 나날
나풀나풀 눈 내리는 날 멀리서
내 이름을 불러주오.
불러주오.
내 이름을 불러주오.

어린 시절
　　어머니가 불러주던 내 이름으로
　　나를 불러주오.
　　나를 불러주오.

　그는 단숨에 시를 낭독했고 우리는 그 모습에 마음이 뺏겨 자리에 얼어붙었다. '신의 계시를 받은 시인'이 이런 모습일까. 침대에 누워 천장을 응시한 채 낭랑하게 시를 읊는 산 할아버지는 듣는 이의 영혼을 뒤흔드는 불가사의한 마력을 가지고 있었다.
　확실히 어디선가 들은 적이 있었다. 그것이 미요시 다쓰시(三好達治)의 시라는 걸 확인한 건 그로부터 얼마 뒤의 일이었다.

　　어린 시절
　　어머니가 불러주던 내 이름으로
　　나를 불러주오.
　　나를 불러주오.

　그가 온힘을 다해 절실히 외치던 마지막 한마디는 내 가슴속에 강렬한 인상을 남겼다. 하지만 그 소절은 미요시 다쓰시의 시에는 나오지 않는다. 그가 착각하고 있었던 건지, 아니면 생의 마지막 순간 마음 깊은 곳에서 터져 나온 것인지, 알 수 없었다.
　하지만 어느 쪽이든 상관없었다. 나는 떨리는 감동을 가득 안은 채 병원을

셋,

나왔다. 언제부턴지 눈이 펑펑 쏟아지고 있었다. 우리는 하얗게 변해버린 길을 묵묵히 걸었다. 그가 애타게 외친 마지막 구절이 끝없이 마음속에서 메아리쳤다.

산 할아버지는 얼마 후 요양원에서 죽음을 맞이했다. 결국 그날 낭독했던 시는 그의 마지막 유언이 되었다.

요양원 직원들은 백방으로 그의 신원을 수소문했지만 끝내 아무것도 밝힐 수 없었고, 산 할아버지는 모든 의문을 뒤로하고 조용히 교회 뒤뜰에 묻혔다.

알츠하이머에 걸려서도 타인의 관심에 민감하게 반응하고 인간임을 잊지 않았던 산 할아버지. 삶의 막바지에 신선처럼 살다가 떠난 산 할아버지. 이 세상과 작별을 고하는 순간, 자신의 생애를 한 편의 시로 승화시킨 산 할아버지.

그를 떠올리며 구약성서 〈이사야서〉의 한 구절을 불러본다.

당신을 만드신 주님은
당신을 만드신 주님은
지금 이렇게 말씀하신다.
두려워 말라,
너는 나의 것.
나는 너의 이름을 부른다.
내 눈에 너는 고귀하고, 소중하고

나는 너를 사랑하고
나는 너와 함께 있다.

이름은 그 사람의 독자성을 의미한다.
성서에서 이름을 부르는 행위는 인간에 대한 신의 무한한 사랑을 뜻한다. 다른 무엇과도 바꿀 수 없는 존재로 인정하는 것이다. 자신의 이름이 불린 사람은 이렇게 느낀다.
'인생을 정처 없이 떠도는 나, 그런 나에게 마음 써주는 사람, 수많은 사람들 중에서 나를 선택하고 내 눈을 바라보고 나를 기억하고 나를 특별한 사람으로 느끼게 해주는 사람.'

결국 산 할아버지가 누구였는지는 영원한 물음표로 남았다. 하지만 새하얀 눈 속에서 내 가슴에 촉촉이 스며든 그 시는 지금도 생생이 살아 숨 쉰다.

내 이름을 불러주오.
어린 시절 부르던 이름으로
내 이름을 불러주오.

초라한 지금 한 번만 더
내 어린 시절 부르던 이름을 불러주오.
바람 부는 날 멀리서
내 이름을 불러주오.

셋,

정원 한편에 녹차꽃이 피던 나날

나풀나풀 눈 내리는 날 멀리서

내 이름을 불러주오.

불러주오.

내 이름을 불러주오.

어린 시절

어머니가 불러주던 내 이름으로

나를 불러주오.

나를 불러주오.

넷,
살날이 얼마 남지 않은 사람에게
가장 중요한 건 죽음을 맞이할 때와
그 이후입니다

'죽음은 삶의 연장선상에 있다. 죽음은 자연스러운 일이니 숨길 필요가 없다. 억지로 숨기고 쉬쉬하면 사람은 죽음을 특별한 것인 양 착각해서 두려움을 갖게 된다. 그러므로 살아 있을 때 주위 사람들과 함께 지냈던 장소에 고인을 안치하고 그를 위해 기도 드리자.'

겨울방학을 맞이하자 나는 약속이라도 한 듯 쓰가루로 향했다. 화창한 날씨 덕분에 어디에서도 눈빛에 반짝이는 이와키산의 절경이 보였다.

내가 도착한 날, 마침 오하라 선생의 손녀딸인 초등학교 6학년 노리코도 놀러 온 참이었다.

"320호실이요. 네, 알겠습니다. 곧 갈게요."

노리코는 오하라 선생이 수화기를 놓기 전에 재빨리 과자를 먹어치웠다. 우리는 두툼한 스웨터에 후드 달린 코트를 입고 긴 장화를 신고 단단히 무장을 했다. 밖에는 눈보라가 세차게 불고 있었다.

"할머니, 어서 가요."

"노리코도 갈래? 몸이 많이 아프신 할아버지란다. 불쌍하신 분이야."

우리는 병원까지 묵묵히 눈길을 걸었다. 내가 무언가 말하려고 하면 사납게 휘몰아치는 눈발이 입속으로 사정없이 들어왔다. 이미 드센 날씨에 익숙해진 탓인지 할머니와 손녀는 태연하기만 했다.

"지금 우리가 만나러 가는 할아버지는 어디서 왔는지 아무도 모른단다. 아키타 근방 길가에 쓰러져 있는 걸 주위 사람들이 발견해서 데려왔거든."

넷,

"그런데 왜 쓰가루에 있어요?"

"본인 이름이 스도라고 얘기했대. 그래서 스도라는 성이 많이 모여 사는 이곳 사람인가 싶어 이쪽 요양원에 보내진 거야."

"언제요?"

"노인 보호시설에 3년 넘게 있었는데, 말수도 없고 자기 얘기는 일절 하지 않았대. 괴팍하고 고집 센 성격 탓에 늘 혼자였고, 지금까지 면회 온 사람이 한 명도 없다는구나."

"아무와도 이야기를 하지 않는다고요?"

"그래, 이 할머니가 갔을 때 잠깐 입을 열었는데, 자기는 독신이라고 했어. 평생 고단하고 외로운 인생을 보내셨을 거야."

거센 눈보라를 헤치며 병원에 겨우 도착하자 요양원 관리인이 뛰쳐나왔다.

"죄송합니다. 이 눈 속을 오시게 해서……. 스도 씨가 곧 돌아가실 것 같아요. 지금껏 말 한마디 꺼낸 적 없는 분이 갑자기 오하라 선생님을 보고 싶다고 하시기에 깜짝 놀랐지 뭐예요."

40대 연배의 밝은 인상의 관리인 여성은 선생의 얼굴을 보고 적잖이 안심했는지 술술 그간의 사정을 털어놓았다.

"일주일 전 스도 씨 상태가 급격히 나빠져서 이곳에 입원시켰어요. 그래도 정신은 또렷하셔서 한사코 치료를 거부하시더군요. 음식을 입 안에 조금이라도 넣을라치면 완강히 뿌리치고요. 그러니 체력은 점점 떨어지고 주변 사람들은 어찌할 도리가 없었죠. 제가 아무리 부드럽게 달래 보아도 험상궂은 표정으로 고개를 휙 돌리고 무시하기 일쑤였어요. 정말이지, 선생님이 와주셔서 얼마나 다행인지 몰라요."

　찬바람을 맞아 발갛게 된 볼을 한 채 잠자코 관리인의 이야기를 듣고 있던 오하라 선생은 부드럽게 입을 열었다.

　"고생 많았어요, 타키 씨. 병원 사람들이랑 환자 사이에서 많이 힘들었군요. 요양원 일만으로도 바쁠 텐데."

　"아니에요. 정말 선생님 덕분에 한시름 놨어요. 만약 저대로 하늘나라로 가셨으면 평생 꿈자리가 뒤숭숭했을 거예요."

　"제가 뭘 할 수 있을지 모르겠지만, 일단 가보죠."

　때마침 환자는 6인실에서 1인실로 옮겨지던 참이었다. 젊은 간호사가 수상쩍은 눈길로 우리를 훑어보았고 관리인이 황급히 설명했다.

　"스도 씨가 이분을 꼭 만나고 싶다고 해서 특별히 오셨어요."

　"정말 그렇게 말했다고요? 여기 와서 단 한 번도 입을 연 적 없잖아요. 게다가 어린이한테 지금 상황을 보여줘서 좋을 게 없을 텐데요?"

　그녀의 차갑고 사무적인 태도는 그동안 이곳에서 스도 씨가 얼마나 매정한 취급을 받았는지를 단적으로 알려주고 있었다.

　"나, 할머니랑 같이 갈 거야."

　노리코는 간호사가 듣도록 큰 소리로 말했다.

　"마음대로 하세요. 무슨 일 생기면 벨 꼭 눌러요."

　간호사는 짜증스럽게 내뱉고는 쿵쿵거리며 사라졌다. 오하라 선생은 그녀의 뒷모습을 가만히 응시했다.

　"저분도 고생이 많네요."

　관리인이 먼저 병실로 들어가 오하라 선생이 왔음을 전했지만 스도 씨는

넷,

언제 부탁했냐는 듯 얼굴을 돌린 채 미동도 하지 않았다. 무색해진 그녀는 우리에게 "잘 부탁드립니다."라고 당부하고는 돌아갔다.

"안녕하세요, 스도 씨. 제 손녀 노리코와 함께 왔습니다. 도쿄에 사시는 선생님도 와주셨고요."

오하라 선생은 병실에 있는 의자를 끌어당겨 노리코를 앉혔다. 스도 씨는 여전히 벽을 향해 돌아누워 있었지만 한눈에 보기에도 죽음의 그림자가 짙게 드리워진 모습이었다. 광대뼈는 툭 튀어나오고 눈은 움푹 파였으며 깊은 주름들이 거무튀튀한 뺨을 뒤덮고 있었다. 선생은 가만히 침묵을 지키면서 병자에게 호흡을 맞추기 시작했다.

"노리코, 할머니를 보렴. 할머니 어깨가 올라갈 때 숨을 들이쉬는 거야. 어깨가 내려가면 숨을 내쉬고. 알았지? 숨을 쉬면서 마음속으로 '할아버지, 편안해지세요.' 하고 기도하렴."

그녀는 커다란 가방 속에서 작은 술병을 꺼내 들었다. 스도 씨가 요양원에 들어온 뒤로 계속 모습을 지켜봐 왔던 그녀는 임종이 다가오자 담당 의사에게 간곡히 부탁해 미리 허가를 받은 터였다. 평생 술을 가까이하고 살아온 스도 씨에게 마지막 순간에만은 어떤 식으로든 입을 열게 해주고 싶었던 걸까. 그녀는 일본 술을 작은 사기 술잔에 따른 다음 탈지면에 술을 적셔 환자 입술에 살짝 갖다 댔다. 그는 여전히 눈을 감고 있었지만 입가에 술기운이 퍼지자 몸을 움찔거리더니 무섭게 탈지면을 빨아들이기 시작했다. 오하라 선생은 여러 번 탈지면에 술을 적셔 조심스레 그의 입으로 가져갔다.

몇 번을 반복했을까. 천장을 물끄러미 올려다보던 그의 눈시울이 붉어지기 시작했다. 뜨거운 눈물이 암갈색의 푸석푸석한 볼을 타고 흘러내렸다.

"스도 씨, 스도 씨."

선생의 따뜻한 목소리에 환자는 더 이상 눈물을 주체하지 못하고 오열하기 시작했다. 그녀는 그의 양손을 부여잡았다.

얼마 후, 오하라 선생은 스도 씨의 귀에 입을 가까이 대고 천천히 말을 걸었다.

"하고 싶은 이야기가 있으면 하세요."

그는 천천히 눈을 뜨고는 이리저리 시선을 돌렸고, 노리코를 발견하자 흠칫 놀라며 표정이 딱딱하게 굳어졌다. 당황한 기색이 역력한 그는 노리코를 뚫어져라 쳐다보다가 이내 얼굴을 돌렸다.

"나는 천하의 몹쓸 놈이다. 인간쓰레기다."

그는 숨을 거칠게 내쉬며 힘겹게 토해냈다.

"나는 아내와 자식들을 버렸다. 결코 용서받지 못할 짓을 저질렀다. 죽어 마땅해."

선생은 그가 안간힘을 쓰며 한마디, 한마디 내뱉을 때마다 가만히 고개를 끄덕이며 그의 손을 부드럽게 쓰다듬었다.

"나는 밥도 약도 거부했어. 지금 내가 받을 수 있는 벌은 이것밖에 없었으니까."

"그렇게 스스로를 벌하셨군요. 이제 충분합니다."

오하라 선생은 스도 씨가 말하는 속도에 맞춰 귀에 대고 이렇게 말했다. 그는 잠시 눈을 감았다가 뜨고는 그녀를 바라보았다.

"정말 그렇게 생각하나?"

오하라 선생은 고개를 크게 끄덕였다. 노리코도 함께 끄덕였다. 그녀는 손

넷,

녀의 손을 그의 손바닥 안에 넣었다.

"내가 가족을 버리고 집을 나왔을 때 막딸은 이 정도 나이였는데……."

"알아요. 자, 이것 좀 보세요. 부인과 따님들이에요."

그녀는 봉지 속에서 하얀색 레이스 손수건에 싸인 종이를 꺼냈다. 빛이 바래다 못해 누렇게 변한 사진 한 장에는 기모노를 입은 젊은 여자와 노리코 또래의 여자아이 두 명이 있었다.

"요양원에서 새로 들어온 스도 씨를 처음 봤을 때, 당신은 무언가를 지그시 바라보고 있었어요. 그러다 제가 보고 있는 걸 알아차리자 손에 있던 걸 꾸깃꾸깃 접어서 침대 아래 쓰레기통으로 던져버렸죠. 그게 바로 이 사진이에요. 쓰레기통에서 제가 다시 주워서 지금까지 간직해 왔지요."

그는 사진에 닿을 만큼 얼굴을 가까이 대고 뚫어지게 응시했다. 사진을 쥔 앙상한 손이 부들부들 떨리고 있었다.

"약속드리겠습니다. 가족들에게 스도 씨의 마음을 꼭 전할게요."

그녀가 말을 마치자 그가 베개 아래 꼬깃꼬깃 접어놓은 종이쪽지를 꺼내 들었다. 그 종이에는 '스도 카즈코, 미쓰코, 아이코'라고 적힌 주소가 있었다. 처음으로 자신에 대한 사연을 털어놓는 순간이었다.

"알겠습니다. 꼭 연락할게요. 당신이 얼마나 가족들을 그리워했는지 반드시 전하겠습니다."

그는 고개를 끄덕였다. 그러고는 남아 있는 힘을 모조리 짜내 노리코 쪽으로 손을 휘저었다. 오하라 선생이 손녀의 어깨를 안고 그쪽으로 가까이 다가갔다. 그는 떨리는 손으로 조심스럽게 소녀의 머리를 쓰다듬었고, 오하라 선생의 눈가가 촉촉이 젖어들었다.

"스도 씨는 마음이 따뜻한 사람이에요."

그는 얼굴을 붉힌 채 수줍게 미소 지으며 고개를 흔들었다. 그 모습이 귀여워 우리는 소리 내어 웃었다. 그도 희미하게 따라 웃었다. 그리고 다음 순간, 노리코의 머리를 토닥이던 손이 툭 하고 침대 위에 떨어졌고, 그는 혼수상태에 빠졌다. 오하라 선생은 평온함이 깃든 그의 얼굴을 손바닥으로 감싸고는 작별을 고했다.

병원을 나오면서 선생이 손녀의 어깨를 끌어당겼다.

"고마워, 노리코."

"정말 다행이에요, 할머니."

우리는 양쪽으로 노리코의 손을 하나씩 잡고는 집으로 향했다.

이틀 후, 스도 씨는 마지막 길을 떠났다.

며칠 뒤 요양원 관리인 타키가 찾아왔다.

"요양원에서 치른 스도 씨 장례식, 참 좋았어요."

식탁에 둘러앉은 그녀는 작심한 듯 말문을 열었다. 하고 싶은 말이 가슴에 가득 차 있는 듯했다.

"스도 씨는 요양원에 3년이나 있었지만 대화 자체를 거부해서 누구 하나 말동무가 없었어요. 그래서 더 신경이 쓰였지요. 일부러 자신을 외톨이로 만드는 것 같았으니까요."

오하라 선생이 담담한 어조로 말했다.

"고독한 분이셨지요."

"그런데도 막상 장례식에는 요양원에 계신 노인 분들이 모두 참석했어

넷,

요."

"매우 평화로운 장례식이었어요."

"스도 씨의 장례식이 그렇게 밝고 따뜻할 줄은…… 정말이지 상상도 못했어요. 모두 그렇게 말하더군요. 요양원 건물 중앙에 집회실이 있잖아요. 햇살이 가득 비춰서 모두가 좋아하는 곳이죠. 그 방에 관이 안치되어 있으면 신기하게도 죽은 사람이 애틋하고 그리워져요. 지하의 어두컴컴한 영안실은 생각만으로도 오싹한데 말이에요."

"그건 고인이 되신 창립자 신부님의 뜻이었어요. 살날이 얼마 남지 않은 사람에게 가장 중요한 건 죽음을 맞이할 때와 그 이후니까요. 신부님은 집회실을 만드시면서 '죽음은 삶의 연장선상에 있다. 죽음은 자연스러운 일이니 숨길 필요가 없다. 억지로 숨기고 쉬쉬하면 사람은 죽음을 특별한 것인 양 착각해서 두려움을 갖게 된다. 그러므로 살아 있을 때 주위 사람들과 함께 지냈던 장소에 고인을 안치하고 그를 위해 기도 드리자.'라고 말씀하셨지요."

"아무래도 나이가 들면 자신이 어떤 장례식을 하게 될지 신경이 쓰이기 마련인가 봐요."

날마다 요양원에 있는 노인들을 돌봐주고 그들을 속속들이 알고 있는 타키는 경험에서 우러난 듯 깊은 공감을 표했다. 나는 요양원을 찾을 때마다 하루 종일 누워 지내면서 사람이 그리워 나에게 손을 내미는 고독한 노인들을 떠올렸다.

오하라 선생이 고개를 끄덕이며 말을 이었다.

"더군다나 기댈 데 하나 없는 외로운 분의 장례식이 따뜻하게 치러지는 걸

보고 다른 분들도 안심했을 테지요."

"네. 그래서 장례식이 끝난 뒤, 모두가 함께 모여 식사를 할 때는 분위기가 정말 따뜻했어요. 그건 그렇고, 가족 분들은 결국 보이지 않더군요."

노리코가 물었다.

"할머니, 할아버지 가족들은 찾았어요?"

"응, 전화로 이야기했어. 부인은 이미 세상을 떠났고, 두 딸은 결혼해서 사이타마에 살고 있더구나. 아이도 있었어. 자초지종을 설명했더니 자신들과는 아무 상관없는 일이라며 쌀쌀맞은 반응을 보이기에 억지로 장례식에 오라고 강요하진 않았단다."

나와 노리코는 밥그릇을 비워가고 있었지만, 선생과 타키는 여태 젓가락도 들지 않고 회상에 잠겨 있었다. 스도 씨가 두 사람에게 얼마나 강한 인상을 남겼는지 짐작할 수 있었다.

"딸들 입장에서 보면 자신들을 버린 아버지를 원망하면서 오랜 세월을 살아왔을 테고, 장례식에 온다고 해도 유산을 받기는커녕 번거로운 일만 잔뜩 떠맡게 되니 이래저래 오고 싶을 리가 없지요."

타키는 다소 가시 돋친 반응을 보였지만 선생은 담담하게 말을 받았다.

"좋은 분이셨어요."

노리코는 중요한 질문을 할 때 으레 그렇듯이 할머니의 무릎에 손을 올려놓았다.

"할아버지가 술을 좋아하는 걸 어떻게 알았어요?"

"요양원에 있을 때 술은 입에도 대지 않았지만, 결국 술로 몸을 망쳐버렸죠."

넷,

타키가 쓸쓸한 미소를 지으며 한마디 거들었다.

"그는 강한 사람이었어요. 평생을 술과 가까이 지냈지만 말년에는 손도 대지 않았죠. 자신에 대한 속죄의 의미로요."

오하라 선생은 이렇게 말하고는 혼잣말하듯 덧붙였다.

"결국 훌륭하게 완수해냈지요."

"할머니, 그런데 왜 술을 마시게 했어요?"

"술은 어떨 땐 약이 되기도 한단다."

"아, 알았다. 그럼 약기운 때문에 할아버지를 착하게 만든 거예요?"

"무슨 말이니?"

타키가 고개를 갸우뚱거렸다.

"그는 자신을 가혹하게 몰아붙였어요. 하지만 세상을 떠나기 직전에 전 어떻게든 그가 자신과 화해하길 바랐어요."

노리코가 눈을 동그랗게 뜨며 물었다.

"화해요?"

"사이가 좋아진다는 뜻이야."

"그럼 원래 할아버지는 자기랑 사이가 안 좋았는데, 돌아가시기 전에 사이가 다시 좋아진 거예요?"

"응."

타키는 크게 한숨을 쉬었다.

"그랬군요. 그의 마지막 얼굴이 너무도 평온해서 요양원 직원들은 그동안 스도 씨 때문에 했던 마음고생이 눈 녹듯 사라지는 기분이었어요. 그러면서도 한편으론 궁금했지요. 그렇게 까칠하고 괴팍했던 분이 어떻게 그리 평화롭게 가셨는지……."

오하라 선생은 자비로운 미소를 가득 띠고 노리코를 바라보았다.

"노리코 덕분이에요."

"저요?"

"노리코가 스도 씨 곁에 있었어요. 그게 전부예요."

그녀의 목소리에는 자애로움이 담겨 있었다.

가만히 생각에 잠긴 타키는 무언가를 생각하듯 먼 곳을 응시했다.

"오하라 선생님, 시간이 걸리더라도 딸들에게 그의 마지막 모습을 꼭 전하고 싶어요."

"가끔 연락하면서 그쪽이 내켜 하면 이곳에 초대합시다. 맛있는 음식을 대접해서 노리코랑 여유롭게 지내다 보면 언젠간 마음의 문을 열어줄 거예요."

"선생님, 요양원에서 지내는 사람들을 보고 있자면 어릴 때 부모에게 버림받은 사람은 힘겨운 삶을 보내는 경우가 많더군요. 사랑받지 못하고 자란 사람은 타인과 함께 지내는 법을 몰라요. 그래서 말썽만 일으키다가 사람에 대한 원한만 쌓여가죠."

"맞아요. 원한은 자신과 타인을 모두 찌르는 양날의 칼과 같아요. 사랑받은 경험이 없는 사람은 타인을 사랑하는 법을 모르니까요."

타키는 곰곰이 생각에 잠겼다. 노리코가 슬쩍 물었다.

"할아버지 가족들은 자기랑 화해했어요?"

"글쎄, 그랬으면 좋겠구나."

"그럼 할아버지랑은요? 죽은 사람과도 화해할 수 있어요?"

"물론이지."

넷,

"그럼 할아버지 가족들이 놀러 올 때 약 많이 필요하겠네요. 술 많이 사 와요, 할머니."

"그래."

그녀는 싱긋 미소를 지었다. 타키도 사랑스러운 눈길로 노리코를 바라보았다. 그리고 가슴이 후련해졌는지 젓가락을 들고 맛있게 식사를 하기 시작했다.

다섯,
"나는…… 더 행복하게
살고 싶었습니다."

평화로운 웃음을 띠던 이마이 씨의 얼굴에 서서히 어두운 그림자가 드리워지기 시작했다. 그는 복잡한 심경이 가득한 표정으로 입을 열었다.
"나는…… 한평생 죽도록 일만 하며 살았습니다."
오하라 선생은 고개를 끄덕였다. 병실은 무거운 정적에 휩싸였다.
기나긴 침묵 후, 회한에 젖은 고백이 들려왔다.
"나는…… 더 행복하게 살고 싶었습니다."
작은 중얼거림이었지만 가슴 깊은 곳에서 터져 나오는 진심 어린 울림이었다.

일요일 저녁, 오하라 선생이 걸스카우트 행사를 마치고 집에 돌아왔다. 얼마 후 현관에 택시가 멈춰 섰고 타키가 택시 문을 연 채로 소리쳤다.

"피곤하신데 정말 죄송해요. 지금 바로 대학병원까지 저와 가주실 수 있을까요? 요양원의 오랜 후원자이신 이마이 씨가 위급하세요. 오하라 선생님을 꼭 뵙고 싶다고 합니다."

평소에는 누구보다 의연하고 침착한 그녀도 적잖이 당황하는 눈치였다.

"저도 가겠습니다."

내 말에 말없이 고개를 끄덕인 오하라 선생은 걸스카우트 제복을 갈아입을 겨를도 없이 급하게 택시에 올라탔다. 숱하게 임종의 순간을 지켜본 그녀는 직감적으로 촌각을 다투는 상황임을 감지한 듯 크게 숨을 내쉬었다.

"이마이 씨처럼 마을 사람들의 존경을 한 몸에 받는 분도 없지요."

앞좌석에 앉은 타키가 우리 쪽으로 몸을 돌리며 말을 걸었다. 불안과 긴장 탓에 무슨 말이라도 해야 안심이 되는 모양이었다. 오하라 선생은 그녀의 말에 귀를 기울이면서 두 손을 모아 기도하는 자세를 취했다.

"농촌의 가난한 대가족에서 태어난 이마이 씨는 이른 나이에 부모를 여의었고 학교 갈 형편도 안 됐어요. 하지만 스스로 노력해서 보란 듯이 굴지의

다섯,

대기업에 입사했지요. 이후 줄곧 성공 가도를 달려왔지만 거만해지기는커녕 고향에 길을 만들거나, 병원과 요양원에 큰돈을 기부하고, 젊은이들의 취직을 알선해주는 등 지역 발전에 힘을 쏟으셨어요. 모든 주민들에게 존경의 대상이었는데 일흔을 갓 넘긴 나이에 이리도 빨리 가시게 될 줄이야……."

"정말 유감이에요."

"오하라 선생님은 지금까지 문병을 자주 가셨지요?"

"문병이라기보다는, 제가 그분을 뵙고 귀한 가르침을 받았다는 편이 더 정확해요."

"이마이 씨는 '오하라 선생은 뭐든지 남김없이 흡수하는 스펀지 같다.'라고 말씀하셨어요. 사람의 기분을 있는 그대로 받아들여 가슴속에 맺힌 응어리를 찌꺼기까지 남김없이 빨아들인다면서요. 정말 오하라 선생님과 있으면 남녀노소, 지위고하 막론하고 모두가 마음의 문을 열어요. 신분이 낮은 사람이든, 이마이 씨처럼 높으신 분이든."

병원 특별실로 이어지는 복도에는 정치인부터 기업인까지 유명 인사들의 이름이 적힌 화분들이 줄 지어 있었고, 정장을 차려입은 수십 명의 사람들이 굳은 표정으로 복도를 가득 메웠다. 나는 스도 씨의 허름하고 비좁던 병실을 떠올리자 묘한 기분이 들었다.

번쩍거리고 드넓은 병실에 들어서니, 수많은 문병객들과 어지러울 만큼 곳곳을 가득 채운 꽃과 화분들로 인해 정작 환자가 어디 있는지 보이지 않을 정도였다. 다행히 오하라 선생을 발견한 이마이 씨가 비서처럼 보이는 사내에게 뭐라고 말을 건넸고, 남자의 손짓에 따라 북적이던 사람들이 순식간에 길을 터주었다. 나는 속으로 스도 씨처럼 마르고 병약한 병자의 모습을 상상했다. 하지만 하얀 환자복을 입고 천천히 상체를 일으키는 이마이 씨는 나이를 짐작할 수 없는 동안에 포동포동한 체격으로 누가 봐도 건강한 모습이었다. 우리가 다가가자 그는 비서에게 신호를 보냈고, 방 안에 있던 사람들은 몇 초 만에 일사불란하게 병실 밖으로 나갔다. 방이 갑자기 거대하게 느껴졌다.

"이마이 선생님, 그동안 신세 많이 졌습니다."

오하라 선생이 머리를 깊이 숙여 정중히 인사했다.

"하하, 천만의 말씀. 감사한 건 오히려 이쪽이지요."

그는 나이를 가늠하기 어려운 굵은 목소리로 답하며 내 쪽으로 미소를 지어 보였다.

그렇게 얼마나 있었을까. 평화로운 웃음을 띠던 이마이 씨의 얼굴에 서서히 어두운 그림자가 드리워지기 시작했다. 그는 복잡한 심경이 가득한 표정으로 입을 열었다.

"나는…… 한평생 죽도록 일만 하며 살았습니다."

오하라 선생은 고개를 끄덕였다. 병실은 무거운 정적에 휩싸였다. 기나긴 침묵 후, 회한에 젖은 고백이 들려왔다.

"나는…… 더 행복하게 살고 싶었습니다."

작은 중얼거림이었지만 가슴 깊은 곳에서 터져 나오는 진심 어린 울림이었다. 그녀는 단어 하나하나 진심을 담아 대답했다.

"선생님, 다행입니다. 진심을 말씀해 주셔서."

그는 마음속 격랑이 진정된 듯 차분해진 시선으로 그녀를 바라보았다. 어떤 말도 필요치 않았다. 두 사람은 서로의 눈을 바라보며 마음을 나누었다.

다섯,

잠시 후, 선생이 넌지시 물었다.

"이제 더 이상 미련은 없으십니까."

고개를 끄덕인 이마이 씨는 천천히 양 무릎을 끌어당겨 얼굴을 파묻었다. 어깨가 조금씩 들썩거렸고 그는 이내 오열하기 시작했다. 우리가 방에 들어왔을 때 위엄 넘치는 눈짓 하나로 건장한 사내 수십 명을 움직이던 남자는 어디에도 없었다. 오직 슬픔을 참지 못하고 울음을 터트리는 응석받이 남자 아이가 있을 뿐.

그녀는 양팔로 그의 어깨를 포근하게 감싸 안았다. 따뜻한 온기를 느낀 이마이 씨는 아이처럼 흐느끼다가 희미한 목소리로 중얼거렸다.

"엄마……."

"응, 그래."

그녀는 아이를 달래듯 다정하게 응수했다.

"엄마."

"그래, 그래."

몇 번이고 애타게 엄마를 부르던 이마이 씨의 목소리가 이윽고 잦아들었고 선생은 그를 천천히 침대에 눕혔다.

"엄마."

천장을 물끄러미 바라보던 그는 이내 눈을 감고 입술만 간신히 움직였다.

"엄마가 기다리고 있어. 앞으로는 영원히 함께 있을 거야."

부드럽게 화답하며 그를 토닥이던 오하라 선생은 순수하고 고운 목소리로 〈어머니의 노래〉를 부르기 시작했다.

어머니는 밤새도록
손 장갑을 떠주셨어요.
겨울바람 들어오면 손 시릴까 봐
부지런히 만들었단다.
고향의 소식이 전해질 때마다
화롯불의 향기가 납니다.

코끝이 찡해진 나는 나도 모르게 노래를 따라 부르기 시작했다. 노랫소리가 들리자 병실 문이 조심스레 열렸다. 그녀는 노래를 부르면서 사람들에게 들어오라고 눈짓했다. 병실은 이내 사람들로 꽉 찼고, 우리는 병실 구석으로 물러났다. 이마이 씨의 부인이 남편의 손을 부여잡았다. 우리는 계속 노래를 불렀다.

어머니는 삼베를 짜십니다.
하루 종일 짜십니다.
아버지는 앞마당에서 짚 털기를 하시니
너도 힘을 내거라.
고향의 쓸쓸한 겨울에는
라디오라도 켜놨으면 좋겠습니다.

어느새 병실 안팎에 있는 사람들이 입을 모아 노래를 부르고 있었다. 감동적인 하모니는 병실 창문을 타고 새하얀 눈빛 세상으로 널리널리 퍼져 나갔다.

다섯,

어머니는 튼 살이 쓰리시면
된장을 바르십니다.
묵은 눈 녹으면 봄이 오고
밭일이 기다리겠구나.
실개천 물소리가 들려옵니다.
그리움이 사무칩니다.

    의사 선생님과 간호사들도 눈시울을 적셨다. 사람들은 하나둘씩 흐느끼기 시작했고, 눈물을 흘리면서도 노래를 멈추지 않았다.

    우리는 절절한 노랫소리를 뒤로하고 조용히 병원을 빠져나왔다. 하늘에 환한 보름달이 두둥실 떠 있었다. 소복이 쌓인 눈은 은은한 빛을 세상에 드리웠다. 우리는 누가 먼저랄 것도 없이 외쳤다.
    "만도로 달님이다!"
    끝없이 내리는 눈으로 세상이 얼어붙는 밤, 커다란 달무리가 둥근 보름달을 포근하게 감싸면 쓰가루 사람들은 '만도로(万灯籠, 교토 마쓰리 행사에 사용되는 등불)의 달님'이라고 불렀다.

    현관문을 열고 들어오니 전화벨이 울렸다. 타키였다. 독신인 그녀는 지독한 외로움이 밀려들 때면 오하라 선생을 만나고 싶어 했다. 선생은 전화를 끊자마자 민첩하게 저녁 준비를 시작했다. '함께 밥을 먹는 것이야말로 사람의 마음을 치유하는 최상의 약'이라고 믿기에.

식탁에 둘러앉은 우리는 이마이 씨와 그의 가족을 위해 기도를 올렸다. 따끈하게 데운 술을 타키에게 따라준 오하라 선생은 깊게 머리를 숙였다.

"타키 씨, 오늘 수고 많았어요."

"선생님이야말로 오늘 정말 감사했습니다. 이마이 씨는 우리 요양원의 은인과도 같아요. 살아생전 많은 사람들에게 존경받던 분인 만큼 마지막 가시는 길도 평화로웠어요. 사랑하는 사람들이 불러주는 아름다운 노래를 들으면서 행복하게 천국으로 가셨겠죠? 이마이 씨가 요양원 행사에 참석하시면 노인들과 곧잘 그 노래를 부르셨어요. 모두가 그 노랠 즐겨 불렀죠. 감동적인 삶을 보내신 분은 죽음마저 감동적인 법인가 봐요."

그녀의 볼이 발그레해지면서 이내 눈시울을 붉혔다.

"네, 정말 아름다운 마지막이었어요."

마치 눈앞에 있는 사람에게 작별을 고하듯 오하라 선생은 가만히 시선을 내리깔고 존경과 애도의 마음을 담아 대답했다.

타키는 고인에 대한 기억을 하나하나 반추했다. 이마이 씨가 경영하는 회사 공장에서 에틸렌가스 폭발 사고가 일어나 젊은 직원이 한쪽 팔을 잃었다. 이마이 씨는 그 청년이 타키가 일하는 요양원에서 일할 수 있도록 해주었고, 종종 친필 엽서를 보냈다.

"정식 교육도 제대로 받지 못하셨다고 들었는데, 그분의 글씨는 그야말로 명필이었어요. 대강 이런 내용이었죠. '자전거를 타고 있는 자네를 마을에서 우연히 보았네. 길이 막혀 옴짝달싹 못하는 차들을 힐끗 보며 자네는 뒤도 안 돌아보고 앞질러 가더군. 건강해 보여 참으로 다행이네.', '일전에 요양원에 계신 할머니가 침대에서 떨어지셨다지. 그때 자네가 할머니를 안아서 일

다섯,

으켜 주었다는 애기를 들었네.', '자네의 모친을 만났는데, 어릴 적 신장염을 크게 앓아서 여름에 혼자 큼지막한 수박을 세 통이나 먹어치웠다면서? 자네의 건강을 위해 수박을 30통 보낼 테니 다른 분들과 맛있게 나눠 먹길 바라네.' 청년은 생전에 이마이 씨가 보내주신 엽서를 한가득 안고 장례식에 오겠다며 눈물을 글썽이더군요."

타키는 요리를 맛있게 먹으며 이마이 씨에 대한 훈훈한 에피소드를 가득 털어놓고 돌아갔다.

그날 밤, 오하라 선생과 나는 나란히 누워 잠을 청했다. 창문 사이로 살며시 들어온 만도르 달님이 잔잔히 빛을 발하며 우리를 포근하게 감싸주었다.

여섯,
죽어가는 사람에겐 허심탄회하게
속내를 털어놓을 수 있는
상대가 필요합니다

"가족이란 알고 보면…… 사랑과 미움이 교차하는 애증 가득한 관계지요. 때문에 객관적으로 판단하기보다 감정에 휘둘리기 쉬워요. 누군가의 이야기를 가만히 들어주는 건, 내가 그 사람에게 감정을 이입해서 함께 문제에 휩쓸려가는 게 아니라 문제를 가진 당사자를 있는 그대로 받아들일 수 있는 여유가 있을 때 비로소 가능한 거예요."

죽어가는 사람이 낯선 사람에 불과한 나와 오하라 선생에게 마음을 여는 이유를 이제야 알 것 같았다. 자신의 죽음을 예상하며 비통해하거나 슬픔과 불안으로 괴로워하는 가족들에게, 더군다나 오랜 간병으로 인해 심신이 지친 그들에게 병자는 자신의 진심을 들어달라는 요구를 차마 할 수가 없다. 그래서 허심탄회하게 속내를 털어놓을 수 있는, 자신이 무엇을 말해도 동요하지 않고 담담히 받아줄 수 있는 상대가 필요한 것이다.

'백발은 인생의 영광'

현관에 걸린 큼지막한 간판에는 이런 말이 적혀 있고, 대형견 '코리'가 그 아래에 누워 여유롭게 잠을 청한다. 현관을 들어가면 고풍스러운 제단이 한눈에 들어오는 가운데, 큰 방에는 노인들 몇 명이 햇볕이 가득 들어오는 곳에 옹기종기 모여 한가로이 시간을 보낸다.

쓰가루에 위치한 카톨릭계 요양원의 일상적인 모습이다. 신부님과 수녀님들은 삶의 막바지에 다다른 이들을 정성껏 돌보았고, 많은 사람들이 이곳에 들어오고 싶어 했다. 그런데 이곳에 들어오려면 한 가지 조건이 붙었다. 바로 유년 시절을 쓰가루 지방에서 일정 기간 보내야 한다는 것. 어릴 적 추억의 한 페이지를 공유하게 되면 한층 돈독한 유대감을 나눌 수 있다는 이유였다.

사람은 나이를 먹으면 과거가 그리워지고 오래전 기억이 더욱 선명해지기 마련이다. 이를 증명이라도 하듯 요양원 노인들은 예전의 지역 명물을 비롯해 크고 작은 사건들, 심지어 이미 고인이 된 사람들도 마치 눈앞에 존재하는 듯 스스럼없이 대화의 주제로 삼았고, 유년 시절을 함께 보낸 경험은 이들을 끈끈하게 이어주는 연결 고리가 되었다. 이곳에서 지내는 노인들의 만족도 및 행복 지수가 유달리 높다는 사실이 알려지자, 전국에서 시찰단의 발

여섯.

걸음이 몰려들 정도였다.

그곳을 방문하고 얼마나 지났을까. 나는 유독 눈에 띄는 한 명의 노부인을 발견했다. 나라오카 요노. 오랫동안 도시 생활을 한 듯 정확한 표준어를 구사하는 그녀는 화려한 외모와 도도한 자태를 뽐냈다. 평생을 도호쿠 농장에서 보낸 노인 환자들 속에서 그녀는 단연 특이한 존재였다.

"나라오카 요노 씨는 어떤 분이죠?"

나는 궁금증을 참지 못하고 오하라 선생에게 슬쩍 물었다.

"아주 재수 없는 여자야!"

갑자기 뒤에서 퉁명스런 목소리가 들려와 우리는 소스라치게 놀랐다. 내 말을 어떻게 들었는지, 한 할머니가 못마땅한 표정으로 허리를 꼿꼿이 펴고 서 있었다. 당황한 우리가 아무 말도 하지 못하자, 이때다 싶었던지 그녀는 나라오카 요노에 대한 가시 돋친 말을 쏟아냈다.

"그 할망구는 스스로 외교관 부인이라고 떠벌리고 다닌다오. 남편을 따라 외국 여러 나라를 돌아다니며 풍족하게 살았다면서. 아무도 믿지 않지만 말이오. 거만하게 굴면서 보란 듯이 영어를 지껄이고, 외국물 좀 먹었다고 어찌나 유세를 부리는지 꼴불견이 따로 없어."

나는 노파의 미간 사이에 깊게 파인 주름을 바라보며 겉으론 평화로워 보이는 요양원 속의 복잡한 인간관계의 일면을 엿본 듯한 기분이 들었다. 때마침 곁을 지나던 관리자 한 사람이 심상치 않은 분위기를 눈치채고 다가온 덕분에 우리는 독기가 잔뜩 올라 으르렁거리는 노파 곁을 벗어날 수 있었다.

중년의 관리자 말에 따르면 어릴 적 쓰가루에서 몇 년간을 보냈다는 요노 씨는 요양원에 있는 환자들에게 미운 털이 단단히 박혔다고 했다. 심지어 그녀는 노인들은 물론이거니와 자신을 정성껏 돌봐주는 직원들에 대해서도 종종 무시하는 태도를 취한다니, 그녀가 물과 기름처럼 섞이지 못하고 외롭게 지내는 이유를 알 것도 같았다. 관리자의 설명이 끝나자 무거운 침묵이 이어졌다.

그것도 잠깐, 방금 전의 그 노파가 그새 우리의 뒤를 쫓아와 있었다. 평소 쌓인 게 많았던 탓인지 전부 말해버리지 않고는 못 견디겠다는 투였다. 그녀는 완곡히 말리려는 관리자를 밀어제치며 이렇게 내뱉었다.

"나라오카 요노는 원래 창녀였다우."

외교관 부인은 새빨간 거짓말로 영어를 좀 아는 것도 동남아시아에서 몸을 팔았기 때문이라는 것이었다.

"그 할망구가 우리 코리한테 엄지손가락을 까딱거리며 '존, 존, 커~먼, 존!' 하고 부르는 걸 볼 때마다 아주 소름 끼쳐 죽겠어."

겨우 사태를 진정시키고 환자를 방에 돌려보낸 뒤 돌아온 관리자는 노파가 폭로한 요노 씨의 실체에 대해 아무런 해명도 하지 않았다. 침묵을 지키는 그의 태도가 마치 방금 전의 얘기에 암묵적인 동의를 하는 것 같았다.

다시 요양원을 방문한 건 그로부터 시간이 제법 지난 후였다. 그런데 뭔가 허전했다. 언제나 눈에 띄는 요노 씨가 보이지 않았다. 관리자에게 물어보니 그녀는 병에 걸려 입원했고 남은 시간이 얼마 남지 않았다고 했다.

나는 곧장 오하라 선생과 병원을 찾았다. 우리가 병실을 찾았을 때 그녀는 이미 의식불명 상태였다.

여섯,

"요노 씨, 요노 씨, 우리 알아보겠어요?"

이름을 불러도 그녀는 아무런 반응을 보이지 않았다. 얼굴은 한결 수척해졌지만 도자기처럼 매끈한 피부는 여전했다. 우리는 조용히 기도했다. 그녀를 위해 할 수 있는 일은 오로지 그것밖에 없었다.

한 시간가량이 지나고, 요노 씨가 희미하게 눈을 떴다. 그녀는 오하라 선생의 얼굴을 확인하고는, "선생님, 그동안 여러모로 감사했습니다." 하고 분명한 어투로 말을 건넸다. 체력이 바닥으로 떨어진 상태였지만 빈틈없이 예의를 차리는 그녀의 태도는 평소와 다름없었다. 오하라 선생과 나는 무심결에 얼굴을 마주 보았다.

임종이 다가왔다고 예감한 탓인지, 담당 의사와 간호사가 가만히 그녀의 곁에 섰다.

그 순간이었다. 그녀가 불쑥 한쪽 팔을 치켜 올렸다. 그러고는 마치 개를 부르듯 엄지손가락을 까딱거리며 "커먼, 커~먼!" 하고 콧소리 가득한 목소리를 내는 것이었다. 누가 봐도 사내를 유혹하는 몸짓이었다. 병실은 쥐 죽은 듯 조용해졌고 모두가 숨을 죽였다. 그녀는 다시 몸을 비틀면서 교태를 부렸다.

"커먼."

"커~먼!"

별안간 요노 씨의 얼굴에 붉은빛이 맴돌며 생기를 띠기 시작했다. 젊은 여자에 빙의된 늙은 노파를 보는 것 같았다. 비스듬히 천장을 응시하는 커다란 눈에는 사랑과 환희가 흘러넘쳤다.

그녀는 가냘프고 예민한 새가 지저귀듯 날카로운 목소리로 외쳤다.

"커먼! 커먼! 지저스 마이 세비아!"

지저스란 예수님을 뜻한다. 기독교가 뿌리 깊게 정착한 필리핀 등을 전전하던 그녀는 예수님이 인류의 구원자라고 알고 있었다. 그리고 생의 마지막 순간, 젊은 시절 사창가에서 손님을 부르던 몸짓으로 'Come on, Jesus My Saviour(내 구원자인 주예수여, 지금 절 맞이하러 와주세요)!' 하고 애타게 신을 찾은 것이었다.

얼마 후 요노 씨는 평화로운 표정으로 호흡을 멈췄다. 그녀의 마지막은 나에게 진한 여운을 남겼다.

얼마 후, 나는 이와 비슷한 체험을 했다.

지인을 문병하러 가는 오하라 선생과 동행했던 날 있었던 일이다. 알다시피, 그녀는 갖가지 고민으로 힘들어하는 사람들을 위해 자택을 완전히 개방하고 있다. 선생이 문병 차 병원을 찾은 후쿠시라는 여성도 고민 상담을 위해 오래전 자택을 찾았던 사람이었다.

그녀는 젊은 시절 남편과 헤어진 뒤 아이를 보호소에 맡기고 재혼했지만 그 결혼도 오래가지 못했다. 지금은 의지할 데 없이 생활 보조금을 받으며 작고 허름한 아파트에서 홀로 살아가는 신세라고 했다. 그러다 병에 걸리게 되었는데, 보증인이 없어 입원 수속에 어려움을 겪던 중 오하라 선생에게 도움을 요청했고, 그녀는 흔쾌히 보증인이 되어주었다.

묵묵히 병원으로 향하던 오하라 선생이 뜻밖의 말을 털어놓았다.

"솔직히 말하면, 후쿠시 씨 병문안 갈 때마다 마음이 편치 않아요. 좋은 사람이지만 가끔 허세가 도를 지나쳐서……."

여섯,

그녀는 정의감이 강하다. 늘 사람과 행위를 분명히 구분하고 누가 나쁜 짓을 저지르더라도 행위에 대해서만 판단을 하고 좋은 방향으로 이끌어주려 하지 사람을 비난하진 않는다. 언제나 상대가 가진 장점과 성격을 긍정적으로 바라보려 노력하며 여간해서는 나쁜 말을 하지 않는데, 그런 선생도 꺼리는 사람이 있구나 하고 생각하니 성녀처럼 보이던 그녀가 새삼 인간적으로 느껴졌다.

"저 사람의 병은요, 자신이 얼마나 풍족한 생활을 하고 있는지 과시하고 싶어서 견딜 수가 없어 생긴 거예요. 생활보호를 받고 있으니 누구도 그녀의 말을 믿을 리가 없죠. 그런데도 말도 안 되는 거짓말을 늘어놓으며 허세를 부려요. 얼마 전에도 간호사한테 자기가 얼마나 좋은 집에서 부유하게 살았는지 허풍을 떨었다니……."

가난은 부끄러운 일이 아니다. 하지만 있는 그대로의 자신을 받아들이지 않고, 거짓 포장만 일삼고 있는 게 마음에 들지 않는다며 선생은 씁쓸한 표정을 지었다. '현실을 있는 그대로 수용할 줄 알아야 비로소 강해진다.'라는 게 평소 그녀의 지론이었다.

병실에 들어가자 후쿠시 씨가 호들갑을 떨며 우리를 맞았다.

"어머나! 오하라 선생님, 와주셨군요. 아! 정말 기뻐요!"

나를 바라보면서도 "도쿄에서 일부러 발걸음을 해주시다니!" 하고 인사를 건넸다.

그때, 병원 앞으로 군고구마 차 한 대가 지나갔다. 그러자 그녀가 갑자기 안절부절못하더니 가까이 있던 직원 한 사람을 큰 소리로 불러 세웠다.

"잠깐만! 저기 내려가서 군고구마 좀 사 와요."

그녀는 베개 아래서 만 엔짜리 한 장을 꺼내며 이렇게 외쳤다. 직원은 급한 용무가 있었던 듯 손사래를 치며 "죄송하지만 지금 좀 바빠서요." 하고 거절했다. 군고구마 아저씨의 목소리가 멀어지기 시작하자 후쿠시 씨는 "지금 아니면 안 된단 말이야. 시간 없어. 빨리 사 와요!" 하고 억지로 만 엔짜리 지폐를 직원 손에 쥐여주었다. 만 엔은 그녀가 지금 가지고 있는 전 재산이었다. 보다 못한 오하라 선생이 나서서 말렸다.

"후쿠시 씨, 굳이 지금 안 먹어도……."

간곡한 말투에도 그녀는 막무가내였다.

바쁜 와중에 붙잡혀 이러지도 저러지도 못하게 된 직원은 짜증 섞인 말투로 한마디 했다.

"군고구마를 만 엔어치나 사서 어쩔 건데요? 퇴원할 때까지 그것만 먹을 거예요?"

아무리 비아냥을 들어도 그녀는 꿈쩍하지 않았다.

"괜찮아, 괜찮아. 시간 없으니까 지금 바로 사 와요."

집요한 성화에 못 이겨 직원은 결국 돈을 쥔 채 밖으로 나갔다. 미리 말해두자면, 도쿄 같은 대도시와 달리 도호쿠, 그것도 시골마을에서 만 엔어치 군고구마를 사면 한 사람이 들기에도 벅찰 만큼 어마어마한 양이다. 후쿠시 씨는 군고구마를 흐뭇하게 바라보며 같은 병실 환자와 문병객들, 옆방, 그리고 그 옆방 사람들에게 한 개씩 다 돌렸다. 득의만만한 표정으로 고구마 두 개를 우리에게도 내밀며 "따끈할 때 어서 드세요." 하고 말했다. 그러고는 먹지 않고 있는 사람들을 향해 "식으면 맛없으니까 지금 바로 먹어. 어서요!" 하고 재촉하는 것이었다.

여섯,

별로 먹고 싶지도 않은데 빨리 먹으라고 채근하기까지 하니 그다지 좋은 기분은 아니었다.

돌아오는 길에, 오하라 선생은 한숨을 쉬었다.

"저렇게 병에 걸려서도 허세 부리는 성격은 여전하군요. 돈이 많지도 않고 오히려 가난에 쪼들리는 형편에 피 같은 돈까지 써가면서. 만 엔어치나 군고구마를 사서 어쩌겠다는 건지······."

이때까지만 해도 나는 후쿠시 씨를 한심하게 여겼다.

집에 도착하고 얼마 후 병원에서 전화가 걸려왔다.

"조금 전, 후쿠시 씨가 사망했습니다."

갑자기 심장 발작을 일으켰다고 했다. 예기치 못한 소식이었다. 병이 위중해 입원을 했겠지만 방금 전까지 활기 넘치던 그녀였다. 오하라 선생은 부음을 듣고 "내가 너무 둔감했어요."라며 망연자실했다.

"당연히 눈치를 챘어야 했는데······. 후쿠시 씨는 직감적으로 죽음이 다가왔음을 느꼈던 거예요. 무리하면서까지 많은 양의 군고구마를 사서 모두에게 나눠준 건 그녀답게 이별을 고하는 의미였을 텐데. 마지막까지 마음을 알아주지 못했어요."

선생은 후쿠시 씨가 마음을 의지했던 사람은 자신뿐이었는데 진심이 담긴 마지막 메시지를 외면해 버렸다며 심하게 자책했다.

병원에 입원하기 전 후쿠시 씨는 툭하면 선생을 찾아와 집에 틀어박혀 있곤 했다. 그렇기에 오하라 선생은 그녀의 성격을 누구보다 잘 알고 있었다.

"후쿠시 씨의 마지막 마음을 헤아리지 못한 건 내가 그녀를 가족처럼 여겼기 때문이에요. 가족이란 알고 보면······ 사랑과 미움이 교차하는 애증 가득

한 관계지요. 때문에 객관적으로 판단하기보다 감정에 휘둘리기 쉬워요. 만일 그녀를 가족처럼 느끼지 않았다면 구제불능이라며 못마땅하게 여길 일도 없었을 테고, 방금 전 병실에서의 상황은 바뀌었을지도 몰라요. 그녀에게 일정한 거리를 두고 바라볼 마음의 여유가 내겐 없었어요. 누군가의 이야기를 가만히 들어주는 건, 내가 그 사람에게 감정을 이입해서 함께 문제에 휩쓸려가는 게 아니라 문제를 가진 당사자를 있는 그대로 받아들일 수 있는 여유가 있을 때 비로소 가능한 거예요."

나는 동의의 표시로 고개를 끄덕이며 의사가 자기 아이를 수술하지 못하고, 교육자가 자기 아이를 언제나 잘 교육시키는 건 아니라는 사실을 상기했다.

죽어가는 사람이 낯선 사람에 불과한 나와 오하라 선생에게 마음을 여는 이유를 이제야 알 것 같았다. 자신의 죽음을 예상하며 비통해하거나 슬픔과 불안으로 괴로워하는 가족들에게, 더군다나 오랜 간병으로 인해 심신이 지친 그들에게 병자는 자신의 진심을 들어달라는 요구를 차마 할 수가 없다. 그래서 허심탄회하게 속내를 털어놓을 수 있는, 자신이 무엇을 말해도 동요하지 않고 담담히 받아줄 수 있는 상대가 필요한 것이다.

눈치 보지 않고 마음속 얘기를 자유롭게 드러낼 수 있는 사람, 자신이 의미하는 바를 온전히 받아들이고 이해해주는 사람, 환자의 병이나 죽음과 이후의 상황으로 마음이 흔들리지 않는 사람 말이다. 병자의 시선으로 들어줄 수 있는 사람, 언제나 마음의 평상심을 유지할 수 있는 사람. 오하라 선생을 보면서 병자들이 바라는 인간형에 완벽하게 일치하는 상대라고 생각했다.

대부분의 경우, 처음에는 다소 두서없이 환자가 자신의 과거 이야기를 시작한다. 하지만 긴 고백의 대장정이 끝나면 환자는 완전한 해방의 자유를 맞

여섯,

본다. 호스피스 연구에 평생을 헌신한 엘리자베스 퀴블러 로스는 이렇게 말했다.

"병자는 자신의 과거를 고백함으로써 진정한 해방감을 느끼고 비로소 저승으로 여행을 떠날 마음의 준비를 할 수 있게 된다. 병자의 이야기를 들어주려면 상호 신뢰가 우선적으로 수반되어야 한다."

수많은 사람들이 오하라 선생 앞에서 폭포수처럼 마음속 이야기를 쏟아내는 이유는 무엇일까. 대범하고 여유롭고, 더욱이 상대를 중심으로 놓고 지금 이 순간 내 앞에는 오직 당신밖에 존재하지 않는다는 느낌을 주기 때문이리라. 후쿠시 씨가 눈을 감았다는 소식에 깊은 상념에 빠진 선생을 바라보며, 나는 그녀가 후쿠시 씨를 누구보다 깊이 사랑하고 있었음을 알 수 있었다.

후쿠시 씨의 장례식을 치른 늦은 밤, 상주 노릇을 맡았던 오하라 선생이 불쑥 한마디 했다.

"인간이란 좋든 나쁘든 마지막까지 자기답게 죽는군요."

두 여인의 죽음은 나에게 한 가지 깨달음을 주었다. 타인의 행동을 자기 입장에서 함부로 판단하고 비난하는 일은 너무도 어리석다는 것이다. 두 사람 모두 평소와 다름없는 행동으로 자기답게 눈을 감았지만, 그 의미는 평소와 정반대였다.

후쿠시 씨의 경우 언제나처럼 남들에게 과시하기 위해 무리한 허세를 부린 듯 보였지만, 죽음을 예감한 그녀는 자기다운 행동을 통해 모두에게 감사의 기분을 전하고자 했다.

요노 씨는 어떤가. 살아생전 가장 수치스러운 과거를 여지없이 드러내며 구원자 예수님을 향해 "비참하고 고달프게 살아온 절 구해주세요."라고 절절히 외치면서 마지막 순간을 맞이했다.

인간이란, 일생의 오점으로 여겨지던 일도 죽음의 문턱에서는 도리어 다음 세상으로의 길을 밝혀주는 자애로운 빛이 될 수도 있음을 나는 두 눈으로 똑똑히 목격한 것이다.

창녀로 살았던 과거를 짊어지고 모두에게 손가락질받던 요노 씨도, 실속 없이 온갖 허세를 부리며 조롱거리로 전락했던 후쿠시 씨도 최후의 순간, 은혜로운 빛에 둘러싸여 일생을 마감했다.

이러한 은총이 언제 찾아올지는 아무도 모른다. 그것은 인간의 판단 영역을 넘어서는 곳에 존재하기 때문이다. 나는 간혹 아쿠타가와 류노스케(芥川龍之介), 아리시마 타케오(有島武), 다자이 오사무(太宰治), 가와바타 야스나리(川端康成) 등의 죽음에 대해 곰곰이 곱씹어본다. (일본의 소설가들로 모두 자살로 삶을 마감했다) 그럴 때면 항상 라이너 마리아 릴케의 시 한 소절이 떠오른다.

왜 그대는 기다리지 않았는가.
그 무게가 견디어낼 수 없는 것이 될 때까지.
그때 그 무게는 역전하는 것이다.
그것은 단지 그토록 순수하기에
그렇게 무거운 것이다.
　　　　—라이너 마리아 릴케 〈진혼가〉

여섯,

릴케는 이름도 없는 작은 소시민들에게 주어지는 은총에 대한 눈부신 혜안을 지닌 시인임에 틀림없다. 비참한 최후를 맞이한 예술가들의 모습을 보며 나는 생각한다. 격렬히 도전하며 끊임없이 삶의 의미를 찾아 헤맸던 그들의 삶과 죽음을 통해, 비루하고 남루하기 그지없는 우리네 삶도 은혜로운 빛으로 역전당할 수 있다고.

일곱,
"기억하렴. 엄마가 만일 죽더라도,
그건 결코 너희들 때문이 아니야."

"엄마는 너희들 엄마여서 정말 기쁘단다. 너희들이 있어서 엄마가 얼마나 행복했는지 몰라. 한 가지만 기억해주렴. 엄마가 아픈 건 절대 너희들 때문이 아니야. 너희가 말썽을 부리거나, 싸움을 하거나, 공부를 하지 않아서 그런 게 아니란다. 엄마는 너희들이 건강하게 놀아줘서 너무도 기뻤는걸."
카오리 씨는 끓어오르는 슬픔을 억누르며 유언하듯 말을 이었다.
"그러니 꼭 기억하렴. 엄마가 만일 죽더라도, 그건 결코 너희들 때문이 아니야."

얼마 전, 잇따라 두 명의 지인이 하늘나라로 떠났다. 그들을 보낸 뒤 무슨 이유에선지 나는 그림동화 한 편이 생각났다. 고인과 동화 사이에 대체 어떤 공통분모가 있었던 걸까. 그 동화는 다름 아닌 〈개구리 왕자〉다.

……성 근처에 넓고 어두운 숲이 있고, 숲속에는 오래된 보리수나무 한 그루와 그 아래 우물이 나 있었습니다. 어느 날 숲속에 놀러 나온 공주가 금빛 공을 가지고 놀다가 그만 우물에 빠트리고 말았습니다. 속상해서 울고 있자니, 우물 속에서 땅딸막하고 못생긴 개구리 한 마리가 나타나 성에서 공주와 함께 살게 해주면 금빛 공을 꺼내주겠다고 했습니다. 공주는 급한 마음에 거짓으로 약속을 했고 금빛 공을 돌려받자마자 개구리를 버리고 돌아가 버렸습니다. 하지만 얼마 후, 개구리는 공주를 찾아 성까지 따라왔습니다.
(중략)
약이 바싹 오른 공주는 화가 나서 개구리를 집어 힘껏 벽에 내동댕이치며 소리쳤습니다.
"자, 이제 됐지? 흉측한 개구리 같으니!"
그 순간, 바닥에 떨어진 개구리는 온데간데없고 그 자리에 아름답고 친절한 눈을 가진 왕자가 서 있는 것이었습니다.

왕자는 임금의 마음에 들어, 경사스럽게 공주와 결혼식을 올리게 되었습니다.

왕자는 자신이 나쁜 마녀의 마법에 걸린 것과 공주만이 오직 자신을 호수에서 구해준 사람이라고 말하며 내일이 되면 자신의 왕국에 함께 가자고 말했습니다. 이윽고 두 사람은 잠이 들었습니다.

다음 날 아침, 두 사람이 아침 햇살에 눈을 뜨자 여덟 마리의 백마가 이끄는 마차가 성에 당도해 있었습니다. 여덟 마리의 백마는 머리에 흰색 타조 깃털을 붙이고, 금색 고리가 채워져 있었습니다. 마차 뒤에는 왕자의 신하가 서 있었는데, 그는 바로 왕자의 충직한 하인 하인리히였습니다.

하인리히는 왕자가 개구리로 변하자, 너무도 슬퍼한 나머지 가슴이 터지지 않도록 굵은 철테를 세 줄이나 가슴에 감을 만큼 왕자에 대한 애정이 각별했습니다. 충신 하인리히는 왕자와 공주를 마차에 태우고, 자신은 뒷좌석에 앉았습니다. 하인리히는 왕자가 마법에서 풀려난 것을 보고 기쁨을 감추지 못했습니다.

마차가 한창 달리고 있는데 뒤쪽에서 무언가 깨지는 소리가 들렸다. 왕자는 뒤를 돌아보며 "하인리히, 마차가 부서졌다!" 하고 큰 소리로 외쳤습니다. 그러자 하인리히가 이렇게 답했다.

"아닙니다. 주인님. 마차가 아닙니다.

제 가슴의 철테,

당신이 연못 속에 있었을 때

당신이 개구리로 변해 있었을 때

가슴의 슬픔을 단단히 묶어둔

제 가슴속에 있는 철테 소리입니다."

마차가 달리면서 다시 탁, 탁, 하는 소리가 들렸습니다. 왕자는 그때마다 마차가 부서진 것이 아닌지 염려되었습니다. 하지만 그것은 왕자가 마법에서 풀려난 기쁨에 가슴이 벅차오른 하인리히의 심장을 묶고 있던 철테가 끊어지는 소리였습니다.

어머니의 제삿날

"병에 걸리고 나서야 마음이 편해졌어요."

그렇게 말한 주인공은 서른네 살의 카오리였다. 게이오병원에 입원한 그녀는 더할 나위 없이 평온해 보였다.

슬하에 다섯 살 딸과 여섯 살 아들을 둔 엄마가 암 중에서도 난치병으로 알려진 식도암 선고를 받고 안심하다니……. 수술할 시기는 이미 놓친 뒤였다. 나는 예기치 않은 그녀의 말에 당황하지 않을 수 없었다.

그녀는 내 마음을 꿰뚫어본 듯 자신의 이야기를 하기 위해 천천히 입을 뗐다.

"친엄마는 이 아이를 낳을 때 죽었어."

그녀는 주위 사람들에게 이 말을 수도 없이 들으며 자랐다. 엄마의 제삿날과 자기 생일이 같다는 건 세상물정 모르는 아이의 마음에도 강한 인상을 남겼다. 어른들은 무심코 한 말이었지만 그녀에게는 '이 아이의 친엄마는 애 때문에 죽었다.' 라는 뜻과 다름없었다.

사람들은 '카오리' 라는 이름은 죽은 엄마의 계명(사후 이름)을 딴 것이라며 감동적인 의미를 부여했지만, 그녀에겐 '나는 엄마의 생명을 빼앗아 태어

일곱,

났다. 엄마는 나 때문에 죽었다.'라는 죄책감만을 안겨줄 따름이었다.

어릴 적부터 자기혐오에 빠진 그녀에게는 '엄마를 죽인 자신은 언젠가 반드시 크나큰 형벌을 받게 되리라'는 생각이 무의식중에 깊게 뿌리내리게 되었다. 행복이 이어지면 이어질수록 그녀의 마음속에는 불안감이 커지며 자신이 이렇게 행복한 건 옳지 않다, 조만간 자신을 벌하는 무서운 일이 벌어지리라, 하며 스스로를 몰아세우곤 했다.

겉으로 보기엔 남부러울 것 없는 행복한 인생이었다. 좋은 집안에서 곱게 자라 유명한 대학을 나와 사랑하는 사람과 결혼식을 올리고 사랑스러운 두 아이까지 얻었다. 심지어 그녀를 키워준 두 번째 엄마는 '계모'라는 호칭이 무색하게 따뜻하고 애정 넘치는 분이었다. 그럼에도 카오리는 자기 때문에 친엄마가 죽었다는 생각을 떨칠 수가 없었다. 어릴 적부터 마음속 깊이 똬리를 튼 부정적인 생각이 행복을 순수하게 받아들이기를 거부했던 것이다.

그렇게 30년의 세월이 흘렀다. 그녀는 철이 든 이래 언젠가 불행이 자신을 집어삼킬 것이라는 공포에 떨며 살아왔고, 그녀의 예상은 "즉시 입원하세요. 길어질지도 모릅니다."라는 의사의 통보에 의해 현실화되었다.

그 순간 카오리는 '드디어 내가 있어야 할 장소를 찾았다'며 안도의 한숨을 내쉬었다. 혹은 그 심경을 나에게 고백함으로써 불안감을 한층 덜게 되었는지도 모른다.

병문안을 갈 적마다 증상은 악화 일로였다. 그녀는 음식조차 삼킬 수 없었고 체력은 날마다 가파르게 떨어졌다. 마지막이 다가오고 있다는 사실을 느꼈던 건지 아이들이 눈에 밟히기 시작했다. 두 번째 엄마가 아무리 좋은 사람이었다고 한들 친엄마의 사랑을 모르고 자란 아이의 비극을 뼈저리게 느꼈던 그녀였다. 아이들이 상처를 안고 자라날까 봐 걱정하면서도 한편으론 아이들에게는 누구보다 그들을 아끼는 아빠, 할아버지, 친척들이 든든하게 남아 있으니 설령 자기가 없더라도 큰 문제는 없을 거라며 스스로를 위로하기도 했다. 모순된 감정이었지만, 어찌 됐든 '결국 올 것이 왔다'는 해방감이 그녀의 마음을 지배했다. 평생을 짓눌려온 죄책감에서 드디어 자유로워진 것이었다.

그녀는 온화한 표정으로 입을 열었다.

"남겨질 아이들이 걱정되지만, 솔직히 마음은 참 편해요. 저, 정말 이기적인 엄마죠?"

상대를 100퍼센트 신뢰하기에 가능한 고백이었다. 나는 자신에게 닥친 시련을 담담하게 받아들이는 그녀의 모습에 감탄했지만, 한편으론 '이대로 죽게 해서는 안 된다'는 마음이 들었다. 어떻게 해서든 그녀가 평생 자신에게 걸었던 저주를 풀어야만 했다.

얼마 뒤 다시 병원을 찾았을 때 때마침 아이들이 엄마를 보고 돌아가던 차였다. 아이들의 순진무구한 모습을 바라보는 카오리의 시선에 진한 애정이 담겨 있었다. 나는 용기를 내어 입을 뗐다.

"만약 당신이 지금 눈을 감는다면 아이들은 자기들 때문에 엄마가 죽었다고 생각할지 몰라요. '혹시 우리가 말썽을 부려서, 공부를 안 해서 엄마가 죽어버린 걸까?' 하고요."

그녀는 힘주어 고개를 내저었다.

"그런 일 없을 거예요. 저 아이들은 정말 착한 천사들이니까요."

일곱,

"그렇다면 당신은 아이들 덕분에 얼마나 행복했었는지 떠올려 보세요. 그리고 다음에 만날 때 말해줄 수 있겠어요?"

그녀는 그렇게 하겠다고 약속했다.

다음에 병실을 방문하자, 카오리의 병세는 상당히 심각한 상태였다.

"나는 딸과 아들 덕분에 엄마로서의 기쁨을 맛보았어요. 분에 넘친 행복이었죠."

그녀는 가쁜 숨을 내쉬며 천천히 말을 이어갔다.

아이들이 활기차게 병실에 뛰어들며 엄마를 부를 때, 걱정스런 눈길로 자기 얼굴을 응시할 때, 그녀는 하늘에 감사한다고 했다. 아이들은 자신의 삶에 상상할 수 없는 행복과 기쁨을 안겨준 둘도 없이 소중한 존재였다.

그런 와중에 아이들이 할머니와 함께 병실에 들어섰다. 나는 방금 한 이야기를 그대로 아이들에게 들려주라고 부탁했다. 그녀는 두 아이들을 침대맡에 가까이 오게 한 다음 사랑이 가득 담긴 목소리로 말했다.

"엄마는 너희들 엄마여서 정말 기쁘단다. 너희들이 있어서 엄마가 얼마나 행복했는지 몰라. 한 가지만 기억해주렴. 엄마가 아픈 건 절대 너희들 때문이 아니야. 너희가 말썽을 부리거나, 싸움을 하거나, 공부를 하지 않아서 그런 게 아니란다. 엄마는 너희들이 건강하게 놀아줘서 너무도 기뻤는걸."

카오리 씨는 끓어오르는 슬픔을 억누르며 유언하듯 말을 이었다.

"그러니 꼭 기억하렴. 엄마가 만일 죽더라도, 그건 결코 너희들 때문이 아니야."

아이들은 귀를 쫑긋 세우고 엄마가 하는 말을 잠자코 듣고 있었다. 정말로 그 뜻을 이해했는지 알 수 없었지만 말을 마친 카오리는 안도한 표정으로 미소를 지었고, 아이들은 그제야 복도 쪽으로 뛰어나가 까르르 웃으며 놀기 시작했다.

다음 날, 그녀가 위독하다는 소식을 듣고 나는 병원으로 달려갔다. 이미 병실에는 많은 사람들이 모여 있었다.

앞으로 상반신을 구부리고 카오리의 손을 잡고 있는 남편의 뒷모습이 보였다. 그녀는 나를 발견하자 힘없이 손을 흔들었다. 남편은 주변 사람들에게 자리를 잠깐 비켜달라는 눈짓을 보낸 뒤 나에게 깍듯이 고개를 숙였다.

병실에는 그녀와 나, 남편만 남았다. 나는 연신 그녀의 야윈 손을 쓰다듬었고, 그녀는 띄엄띄엄 힘겹게 말을 이어갔다.

"참 신기하죠. 어제 아이들에게 이야기를 들려주면서 똑똑히 들었어요. 분명 제 목소리인데 엄마의 목소리가 들렸어요."

아이들에게 하는 말이 어느 순간 죽은 엄마가 자신에게 하는 말처럼 들려왔다는 것이다.

엄마가 죽은 건 너 때문이 아니다, 오히려 너를 이 세상에 태어나게 한 기쁨에 얼마나 행복했는지 모른다, 엄마는 천국에서 너를 바라보고 있다…….

엄마의 말을 듣고 '엄마를 죽이고 태어난 운명이 언젠가 자신을 벌하리라'는 오랜 저주로부터 해방된 그녀는 더없이 맑고 개운한 표정을 지었다. 그 순간만은 그녀가 완전히 회복된 게 아닐까 싶을 만큼 생기가 넘쳤다.

"새벽녘에 마리아 님이 꿈속에 나타났어요. 마리아 님이 양손을 크게 벌리고 저를 맞이하러 오신 거예요. 하지만 그건 분명 엄마였어요. 저는 엄마 얼굴을 몰라요. 그래서 마리아 님 모습을 하고 엄마가 나타난 거예요."

그녀는 드디어 긴 저주에서 해방되어 스스로를 용서하고 자유를 얻었다. 평

일곱,

생을 옥죄어온 쇠사슬에서 풀려난 것이었다. 아울러 그녀는 자신을 책망하지만 않았더라면 진정 행복한 삶을 살아왔으리라고 말했다. 막힘없이 자신의 인생을 논리정연하게 설명하는 그녀의 모습에 나는 감탄을 금할 길이 없었다. 임종이 다가왔을 때 자연스럽게 이야기를 하는 사람은 극히 드물다. 말 한마디 하기도 힘든데, 더군다나 놀라운 집중력으로 자신의 생각을 일목요연하게 전달하다니 원래도 똑똑했지만 그녀의 명석함에 나는 혀를 내둘렀다.

"이제 미련은 없어요. 정말 행복합니다."

그 순간, 남편이 와락 그녀의 무릎 위에 쓰러지며 흐느끼기 시작했다.

"카오리, 정말 다행이오. 정말 다행이야."

'나는 벌을 받아 마땅한 사람'이라며 스스로 낙인찍은 주홍글씨에서 해방되어 인간으로서 진정한 자유를 얻은 그녀와 그 순간 함께할 수 있음에 감사했다.

그날 밤, 가족과 친지들이 지켜보는 가운데 그녀는 천주교 세례를 받았다. 세례명은 '마리아'. 혼수상태에 빠진 그녀를 둘러싸고 깊은 침묵 속에 우리는 그녀가 얼마나 소중한 사람이었는지 새삼 깨달았다.

"행복합니다."

이 한마디를 끝으로 깊은 잠에 빠진 그녀는 다음 날 아침, 떠오르는 해와 함께 천국으로 떠났다.

'엄마는 나 때문에 죽었다'는 마녀의 마법에 걸려 카오리는 평생 '벌 받는 개구리'가 되고 말았다. 그러나 마지막 순간, 깨달음을 얻은 그녀는 진정한 자기 모습인 '왕자님'으로 돌아올 수 있었다.

이로리의 풍경

구름 한 점 없이 맑은 하늘에 투명한 찬바람이 불어오던 겨울날이었다. 도라노몬 병원에 발을 들여놓자 따스한 공기가 온몸을 감쌌다. 나는 도리어 긴장했다. 이곳에 입원해 있는 환자는 성공한 대기업 사장이었다. 여든일곱 살의 그는 심장 수술을 마치고 큰 고비는 넘겼지만 여전히 위중한 상태였다. 평생 승승장구하며 살아온 그가 지금 이 순간 생애 최대의 좌절을 느끼는 건 아닌지 내심 걱정스러웠다.

그는 내가 지금까지 본 사람 중 가장 진취적인 인생을 살아온 사람이었다. 언젠가 그에게 이런 질문을 한 적이 있다.

"만일 바라는 대로 이루어진다면 어떤 일을 하고 싶으세요?"

그는 진지한 어조로 답했다.

"저는 항상 직원들에게 목표를 가지라고 합니다. 하지만 정작 나 자신은 목표를 갖지 않아요. 목표를 한 번 세우게 되면 그것에 온 정신이 얽매이기 때문이지요."

자신을 냉정하게 파악하고 있는 사람이니 응당 병의 실체를 알고 있겠구나, 분명 병을 잘 관리해오고 있겠지, 하고 생각하며 나는 병실 문을 두드렸다. 그의 쾌유를 비는 양란이 병실 안을 가득 채우고 있었다. 마치 그의 높은 사회적 지위를 상징하는 것 같았다.

"모처럼 받은 꽃들이라 소중하게 보살피고 있습니다."

부인이 내 기분을 읽기라도 한 듯이 미소를 지으며 말했다.

환자는 예전보다 다소 핼쑥해지긴 했지만 혈색도 나쁘지 않고 평소와 다름없는 모습이었다. 오히려 핸드백을 들고 어딘가 외출하려던 부인의 얼굴

일곱,

에 피곤한 기색이 엿보였다.

 햇살이 비치는 창문 너머로 오쿠라 호텔이 보였다. 그에게 제2의 회사와도 같은 곳이다. 건강하다면 지금쯤 저곳에서 일본을 대표하는 경영자 파티에 참석하고 있을지도 모를 일이었다.

 잠시 침묵이 흘렀다. 그가 먼 곳을 응시하며 낮은 음성으로 입을 열었다.

 "수술하기 전에 혈관조영이라는 검사를 받았습니다. 그건 말이죠, 꽤 지독한 검사랍니다. 허벅지에 있는 동맥에 혈관조영제라는 걸 투입하는데, 그 순간 온몸이 확 달아올라요. 인두로 지지는 것처럼 뜨겁고 아파요. 그런데 웬일인지 그 고통이 낯설지가 않더군요."

 창밖에 펼쳐진 고요한 풍경이 그날따라 낯설게 느껴졌다.

 "밖에 매서운 바람이 불고 있나요? 하늘이 맑고 투명하네요."

 "네, 바람이 매우 차요."

 "그렇군요. 모든 이들이 나를 성공한 사람이라고 추켜세웠지요. 나 역시 부정하지 않았어요. 하지만 고백하자면, 마음속에는 늘 오늘처럼 스산한 바람이 불고 있었습니다."

 "그동안 계속요?"

 "네, 철들고 나서부터 쭉 그래 왔어요. 평생이라고 해도 무방합니다. 뭐랄까, 심장과 척수를 관통하는 구멍이 나 있어서 찬바람이 획 하고 지나가는 느낌이랄까요."

 나는 의자를 끌어당겨 환자의 머리맡에 앉았고, 가만히 그의 얘기에 귀를 기울였다.

 "나는 사람을 절대 믿지 않습니다. 육신에 대해서도 마찬가지죠. 그 벌로 이렇게 병이 들어버렸는지도 모르겠습니다. 그런데 혈관조영 검사 때 강렬하게 느낀 그 뜨거운 감각이 두고두고 잊히질 않더군요. 그건 대체 뭐였을까요. 아무리 애써도 기억이 나지 않았어요. 일반적으로 뜨겁다는 건 아프다는 감각과 유사하죠. 그런데 어제 새벽 무렵 꿈을 꿨어요. 내용은 전혀 기억나지 않지만, 아침에 눈을 뜨자 가슴 한쪽이 살짝 욱신거리면서 뜨겁다는 느낌이 드는 겁니다. 그 순간, 벼락을 맞은 것처럼 머릿속에서 섬광이 번뜩였습니다. 어린 시절 겪었던 어떤 일이 떠올랐어요. 기억 저편에 묻어버렸던, 단 한 번도 생각한 적 없는 어떤 일이······."

그의 기억은 다음과 같았다.

그는 청명한 산 내음이 가득한 히다의 시골 마을에서 자랐다. 낡고 허름했던 집에는 큼지막한 이로리(裏, 일본 전통 실내 화로)가 있었고, 안에는 커다란 냄비가 들어 있었다.

어느 날, 세 살 남짓한 그는 집 안에서 뛰어놀다가 발을 헛디뎌 그만 이로리 안으로 떨어지고 말았다. 큰 냄비가 흔들리며 펄펄 끓던 된장국이 쏟아졌고, 그는 본능적으로 비명을 질렀다. 하지만 자신을 봐주는 사람은 아무도 없었다. 타오르는 불길 옆에서 뜨거운 된장국을 뒤집어썼을 때, 그는 불구덩이 속에서 온몸이 바글바글 타서 죽는구나 하고 생각했다.

이로리 속에서 버둥대며 울부짖는 그를 엄마가 발견한 건 그 직후였다. 끔찍한 광경에 새파랗게 질린 엄마는 그를 업고 마을 의사가 있는 곳으로 한달음에 달려갔다.

이로리에 빠지고 엄마가 발견하기까지 채 1분도 되지 않았다. 하지만 그

일곱,

에겐 영원처럼 아득한 시간이었다. 이로리 속에서 발버둥 치는 동안 그는 '내가 이렇게 타 죽어가는데 엄마는 오지 않다니……' 라며 엄마에 대한 원망이 마음에 사무쳤다.

그로부터 얼마 후, 엄마는 병을 앓다 죽었고 아빠는 곧 재혼했다. 집안에서는 친엄마에 대한 얘기가 금기시되었다. 그는 이때 사고로 등에 심한 화상을 입었지만 엄마와 보낸 시절의 기억을 애써 지워야 했기에 어느 순간부터 대수롭지 않은 흉터로 여기게 되었다. 두 번 다시 떠올리고 싶지 않았던 순간을 엄마에 대한 기억과 함께 깊은 무의식 밑바닥에 묻어버린 것이었다.

혈관조영 검사를 하면서 느낀 뜨거운 통증은 그가 이로리 속에 떨어졌을 때의 감각을 일깨워 주었다. 동시에, 이로리 속에서 겪었던 끔찍한 광경과 엄마에 대한 원한도 생생히 되살아났다.

부모 형제 모두 세상을 떠났으니 자세히 물어볼 상대도 없었다. 그는 하루 종일 그 일에 대해 곰곰이 생각하다가 '이로리의 체험이야말로 내 인생의 원점이다.' 라고 결론지었다.

"한 번 기억이 떠오르니, 헝클어져 있던 실타래가 단번에 풀리는 것처럼 모든 것이 명쾌하게 보이기 시작했습니다. 상상해 보세요. 공포에 질려 있으면서도 그 어린것이 어떻게든 탈출하려고 필사적으로 이로리 가장자리를 부여잡고 미친 듯 발버둥 치는 모습을……. 살아남겠다는 강한 의지가 무의식 깊은 곳에 자리 잡아, 사회에 나와서도 악착같이 버티며 사업을 성공시키려고 노력한 원천이 된 게 아닐까 하는 생각도 들더군요."

일리 있는 말이었다. 아무도 구하러 오지 않아 불구덩이 속에서 혼자 힘으로 기어 올라가야 한다고 느낀 어릴 적 경험은 그에게 자립심을 심어주었고 사업을 성공시키는 토대가 됐을 터. 타인에게 의지하지 않는 냉정함도 현실을 객관적으로 바라보게 했으리라. 나는 그가 '면도칼처럼 예리한 두뇌의 소유자'라는 세간의 평가를 받고 있음을 상기했다.

그러나 인간에 대한 불신이 뼛속 깊이 자리 잡은 것도 부인할 수 없는 사실이었다. '사람을 믿을 수 없다. 나는 혼자다.'라는 고독감이 그의 마음속에 찬바람이 몰아치는 구멍이 되어버렸다.

"입원한 뒤로 혼자 생각하는 시간이 부쩍 많아졌습니다. 덕분에 인생의 원점을 탐색해볼 수 있었지요. 이로리에 떨어졌을 때의 상황을 객관적으로 돌이켜 봤어요. 어머니는 나를 모른 척한 게 아니라 텃밭에서 일을 하고 있었습니다. 그러다 내 비명 소리를 듣고 단숨에 달려와 실신한 나를 들쳐 업고 정신없이 마을 의사에게 달려갔어요. 그런데 난 어머니가 날 방치했다고 오해하고 있었던 겁니다. 어릴 적 잘못된 기억 하나가 평생을 좌우한다는데, 병에 걸린 덕분에 왜곡된 기억을 바로잡게 되었지요. 이제 어머니에 대한 원한은 사라졌습니다. 마음속에 찬바람을 몰아치던 구멍도 말이죠."

창밖의 하늘이 어스름해져 갔다. 바람은 진정되고 저녁노을이 하늘을 붉은 빛으로 물들기 시작했다.

"어서 와."

부인이 가져온 짐을 창가 쪽에 두고 의아한 표정으로 남편 쪽을 휙 돌아보았다.

"당신, 무슨 일 있었어요?"

"……"

일곱,

"그렇게 부드러운 목소리로 맞이해 주다니 해가 서쪽에서 뜨겠네요. 설마 당신, 죽을병에 걸렸다고 착각하는 거 아니죠?"

"아니, 지금껏 착각하고 있던 걸 바로잡았지. 당신한테 잘 대해주고 싶었는데 그러질 못했어. 그동안 외롭고 섭섭했지?"

"뭐라고요? 당신 지금 대체 무슨 말을 하는 거예요? 설마 나쁜 생각하는 거 아니죠?"

"아냐, 앞으로 당신과 행복하게 살아갈 거야."

"여보……."

말을 잇지 못하고 남편의 손을 잡는 그녀의 모습을 뒤로하고 나는 살그머니 병실을 나왔다. 싸늘한 저녁 공기가 뺨을 어루만지고 홍차색 저녁노을이 하늘을 아름답게 수놓고 있었다.

그는 일주일 후 발작을 일으켜 급사했다.

성대한 장례식이었다. 영정 사진 속의 그는 조문객들의 발걸음을 멈추게 할 만큼 평화로운 미소를 머금고 있었다. 발작을 일으키기 전날, 주치의에게 짧은 산책을 허락받은 그는 부인과 함께 오쿠라 호텔에서 머리를 단정히 깎고 함께 사진을 찍었다.

나는 고인의 사진 앞에서 잠시 상념에 잠겼다. 그가 기나긴 얘기를 마친 뒤 이어진 침묵 속에서 나는 어떤 소리를 들었다. '탁', '탁' 하는 둔탁한 소리, 그건 바로 '기쁨에 가슴이 벅차오른 하인리히의 심장을 묶고 있던 철테가 끊어지는 소리'였다.

스님이 외는 독경이 하인리히의 목소리로 바뀌어 갔다.

제 가슴의 철테,

당신이 연못 속에 있었을 때

당신이 개구리로 있었을 때

가슴의 슬픔을 단단히 묶어둔

제 가슴속에 있는 철테입니다.

일곱,

여덟,
고통 속에서도
가슴 벅찬 행복을
건져 올릴 수 있습니다

우리는 괴로움이나 슬픔 없이 세상만사가 자기 맘대로 흘러가야 행복하다고 생각한다. 그러나 행복은 아프고 고단한 여정 속에서 빛을 발하는 법이다. 마음가짐에 따라 고통 속에서 가슴 벅찬 행복을 건져 올릴 수도 있다.

한 여성이 울고 있다. 내가 '생명의 소중함'이라는 주제로 시민대학에서 강연을 하던 중이었다.

묘한 기분이 들었다. 모든 청중이 진지한 얼굴로 경청하는데 옷차림이며 얼굴 생김새가 몹시도 화려한 그녀만 혼자 눈물범벅이었다. 그녀는 손수건으로 눈물도 닦지 않은 채 내 얼굴을 뚫어질 듯 바라보았다.

'뭔가 사연이 있겠지.'

나는 그렇게 생각하며 강연을 이어 나갔다.

강연을 시작하기 전, 나고야 시민회관에 들어온 나는 텅 빈 강의실에서 차를 마시며 한숨 돌리고 있었다. 초가을에 어울리는 차분하고 평화로운 날이었다.

"강연이 시작됩니다. 여러분 어서 회의장에 입장해 주세요."

관계자의 목소리가 들려왔다. 강의실이 많은 대형 시민회관인지라 관계자는 여기저기 흩어진 수강생들을 집합시키려고 분주히 움직였다.

"거기 계신 분들 서둘러 주세요. 곧 강의 시작합니다!"

이윽고 내가 단상에 서자, 많은 사람들이 자리를 꽉 메운 장내는 물을 끼얹은 듯 잠잠해졌다. 그런데 유독 앞쪽 가운데 줄에 앉아 있는 중년여성 네

여덟,

다섯 명이 주변을 두리번거리며 웅성거리기 시작했다. 살짝 기분이 상했지만 잠시 후 그들은 잠잠해졌고 나는 속으로 안도의 한숨을 내쉬었다.

이윽고 강연은 막바지를 향해 치달았다. 그러던 중 눈물 젖은 얼굴로 이쪽을 바라보는 여성을 발견했는데 알고 보니 초반에 시끄럽게 굴었던 그룹 중 일원이었다.

강연이 끝나고 수강생들의 질문 시간이 되었다. 다들 부끄러운지 손을 드는 사람이 없었다. 무색해진 사회자가 "가벼운 감상이라도 좋습니다. 무엇이든 좋으니 말씀해 주세요." 하고 덧붙이자 방금 전 그 여성이 살며시 손을 들었다. 그러고는 "좀 길어질 텐데 괜찮습니까?" 하고 양해를 구했다.

"실은 전 이곳에 강연을 들으러 온 게 아닙니다. 옆 강당에서 열리는 모피 전시회에 모피를 팔러 왔습니다. 그런데 아까 강연회 직원 한 분이 '곧 시작하니 이쪽으로 오십시오.'라고 부르더군요. 전 그저 뭔가 이벤트를 하나 보다, 하고 일행들과 엉겁결에 들어온 겁니다. 그런데 강연을 한다는 걸 알게 되자 이만저만 난감한 게 아니었습니다. 모피 전시장에 직원 한 명만 남겨두고 모조리 이쪽으로 와버려서 오래 자리를 비울 수 없는데, 강의를 들으러 온 사람들이 계단까지 꽉 차서 나갈 수가 없었거든요. 그래서 당황한 나머지 일행들끼리 이야기를 하느라고 아까는 소란스럽게 굴었습니다. 방해가 됐다면 죄송합니다."

초반에 부산했던 분위기에 대한 자초지종을 설명한 뒤 그녀는 본론으로 들어갔다.

"처음에는 적당히 상황 봐서 빠져나가려고 했습니다. 값비싼 모피를 두고 와서 걱정이 태산이었어요. 그런데 어느 순간, 저도 모르게 강연에 푹 빠져

버리고 말았습니다. 나중에는 모피 따위는 안중에도 없었지요. 사실…… 제 몸은 텅 비어 있는 동굴입니다. 지금까지 대수술을 여덟 번 받았습니다. 자궁암부터 시작해서 위암, 대장암…… 암이 점점 다른 장기로 전이되어 대수술을 반복해야 했어요. 몸은 완전히 너덜너덜해졌지요. 의사 선생님조차도 어떻게 아직까지 살아 있는지 신기해할 지경이었습니다. 지금 제 몸속에 웬만한 장기는 다 드러내서 없습니다. 그런데 왜 제가 지금까지 이렇게 건강하게 살아 있는가 하면, 정신장애를 앓는 아들이 있기 때문입니다."

그녀는 선천성 장애를 가진 아들이 태어난 직후 남편과는 바로 이혼했다고 했다. 온종일 침대에 누워 있는 아들은 현재 스무 살이지만 어린아이 수준의 대화밖에 구사하지 못했다. 절대적으로 엄마를 필요로 하는 아들이 있기에, 첫 번째 수술 이후 의료진을 비롯한 주변 사람들조차 가망이 없다고 여겼지만 보란 듯이 살아남아 지금 이렇게 일까지 하고 있다는 것이었다.

"일을 끝마치고 집에 돌아가면요, 아들이 이불 속에서 초롱초롱한 눈으로 나를 바라보며 손발을 치고 웃음을 터트리며 그렇게 반길 수가 없어요. 끔찍한 대수술을 여러 번 한 몸이라 날씨가 나쁘거나 무거운 짐을 들거나 하면 몸에 무리가 와서 고통이 상당합니다. 하지만 아들이 기뻐하는 얼굴을 보면 언제 그랬냐는 듯 피로가 싹 가시고 힘이 솟습니다. 지금까지 처절하리만치 암과 싸워왔어요. 포기하고 싶은 적도 많았지요. 하지만 '이 아이를 남겨놓고 갈 순 없다.'라는 일념 하나로 지금까지 이를 악물고 살아왔어요. 매일매일 다짐합니다. '아들이 집에서 나를 애타게 기다리고 있다. 내가 죽으면 아들도 죽는다.'라고. 저는 암 따위 신경 쓸 겨를이 없습니다. 이미 마음속으로 결정했어요. 병이야 어찌 됐든, 의사가 뭐라고 하든 아이가 있는 한 살아가

여덟,

겠노라고요. 활짝 웃으며 절 맞이하는 아이 얼굴을 볼 때마다 살아 있음에 감사합니다. 오늘 선생님 강연을 듣고 다시 한 번 깨달았습니다. 세상의 통념으로 행복이나 불행을 나눌 수 없다는 걸요. 정신장애 아들과 만신창이가 된 몸을 가진 저 역시 이토록 행복할 수 있으니까요."

나는 강연 중에 행복이나 불행은 객관적으로 측정할 수는 없으며, 고통을 있는 그대로 받아들이고 꿋꿋이 살아가면 자신을 괴롭혔던 고통이 언젠가 살아가는 기쁨을 안겨준다고 말했다. 그러면서 다음과 같은 이야기를 들려주었다.

내 지인은 다섯 명의 자식이 있는데 그중 막내아들이 지적장애자로 태어났다. 세상 사람들 눈에는 불행한 가족처럼 보이기 쉽지만, '신이치'라는 이름을 가진 막내아들 덕분에 그들은 돈독한 유대감을 가질 수 있었다. 가족들이 집에 돌아오면 "신이치 지금 뭐 해?" 하고 입버릇처럼 말하며 막내 방에 들어가서 오늘 있었던 재밌는 일을 보고하는 게 하루 일과가 되어버렸다. 날마다 풍성한 선물 꾸러미를 받듯이 신이치는 가족 한 명, 한 명이 들려주는 즐거운 이야기를 들으며 빙그레 웃음을 지었다. 내용을 전부 이해할 순 없어도 이야기를 들으며 행복해하는 마음이 고스란히 전해졌다. 가족들은 오늘은 신이치에게 어떤 이야기를 해줄까, 하고 일상 속에서 작은 행복을 발견하는 습관이 생겼다. 막내를 기쁘게 하고 싶다는 마음이 가족들을 하나로 묶어주고 긍정적인 가치관을 길러준 셈이다.

"신이치는 우리 집의 소중한 보물입니다."

이렇게 단언하는 친구의 얼굴은 행복한 미소로 가득 차 있었다.

중년여성은 고개를 끄덕이며 말을 이었다.

"내 아들은 정말로 신이치와 같은 존재입니다. 그분의 아드님이 소중한 보물이라고 한다면, 제 아들은 저에게 생명을 불어넣는 존재이지요. 오래전에 끊어졌어야 하는 목숨입니다. 그런데 집에 돌아와 아들의 웃는 얼굴을 볼 적마다, 일터에서 아들의 기뻐하는 모습을 떠올릴 때마다 제 안에서 무한한 생명이 샘솟습니다. 아들이 태어났을 때, 병원에서는 3년을 넘기기 힘들다고 말했지요. 하지만 올해 1월 15일로 그 아이는 스무 살을 맞이했습니다. 그날 저는 찰밥(경사스러운 날 지어먹는 밥)을 지어 조촐하게 아들의 생일을 축하해 주었지요. 그러자 그 아이가 내 얼굴을 가만히 바라보며 '엄마, 고맙습니다.' 하고 말하는 게 아니겠어요? 단지 '생일을 축하해 주어서 고맙습니다.' 라는 뜻일지도 모르지만, 저에게는 '성인이 될 때까지 키워주셔서 고맙습니다.' 라고 들리더군요."

마지막으로 그녀는 이렇게 덧붙였다.

"고마운 건 오히려 제 쪽이지요. 진작 죽었어야 하는 제가 아들의 천진난만한 미소 덕분에 이렇게 삶을 이어가고 있으니까요. 정말이지…… 아들에게 고마울 따름입니다."

얼마 뒤, 그녀가 보낸 엽서 한 장이 도착했다. 아들이 세상을 떠났다는 소식이었다. 그러나 슬픔은 담겨 있지 않았다. '저는 감사하게도 이렇게 아직 살아가고 있습니다. 아들이 생전에 보여준 미소가 저에게 이렇게 힘을 주고 있네요.' 라고 적혀 있었다.

우리는 괴로움이나 슬픔 없이 세상만사가 자기 맘대로 흘러가야 행복하다

여덟,

고 생각한다. 그러나 행복은 아프고 고단한 여정 속에서 빛을 발하는 법이다. 마음가짐에 따라 고통 속에서 가슴 벅찬 행복을 건져 올릴 수도 있다.

의학적으로 설명이 불가능하지만, 중병에 걸린 몸으로 건강하고 밝게 살아가는 사람들을 보노라면 심리학자 클락 무스타카스(Clark E. Moustakas)가 했던 말이 떠오른다.

"만일 슬픔이 육신에 스며들어 존재의 핵심으로 느껴진다면, 그때 느끼는 고통은 타인과 살아가는 모든 것에 대한 사랑으로 성장한다. 고통 속에서 마음이 열리고, 슬픔 속에서 기쁨과 환희의 감정이 생겨난다."

'부디 행복하게 살아가기를.'

아이가 태어났을 때 부모가 가지는 바람이자 세상을 떠나는 부모가 자식에게 남기는 바람이리라. 아들의 죽음을 고하는 그녀의 엽서를 읽으며 나는 사람이란 누구나 행복하게 살아야 마땅한 존재임을 새삼 느꼈다.

아홉,
"몸이 없어져서
어디든 갈 수 있게 되면,
내가 좋아하는 사람이 있는 곳에
갈 거예요."

"수녀님, 제 장례식 꼭 수녀님이 해주셔야 돼요. 하지만 슬퍼하진 마세요. 난 죽어서 엄마가 있는 곳에 갈 테니까요. 병원에서도 찾지 마세요. 아무리 찾아도 전 없어요. 그러니까 수녀님, 제 장례식에 올 때 저 찾으면 안 돼요. 알겠죠, 수녀님?"

끝없이 펼쳐진 새하얀 모래사장과 그 위로 햇살이 눈부시게 쏟아지는 캘리포니아 해변.

제인 수녀와 토니, 그리고 나는 모래 위에 누워 하염없이 바다를 바라보았다. 토니는 담요를 푹 뒤집어쓴 채 아무 말도 없었다. 이따금 제인이 "토니!" 하고 부르면 빙긋 미소를 지어 답할 뿐이었다.

제인은 내가 미국에 체류할 당시 친해진 사이다. 마흔 살인 그녀는 정기적으로 스탠포드대학 소아암 센터에 있는 어린이 환자들을 찾았는데, 나도 시간이 날 때마다 그녀를 따라가곤 했다.

금발머리의 귀여운 토니는 그곳에서 만난 아홉 살짜리 소년으로 유독 제인을 잘 따랐다. 우리가 해변으로 출발하기 며칠 전에 그는 자신도 데려가 달라며 부탁했고, 그녀는 "그럼 의사 선생님께 말씀드려 보자꾸나."라고 웃으며 대답했다.

일요일 아침, 외출 허락을 받은 토니를 차에 태운 우리는 서해안으로 향했다. 5월의 상쾌한 공기가 가슴 가득 스며들었다. 솜사탕 같은 흰 구름이 수놓은 청명한 하늘은 한 폭의 그림처럼 아름다웠다. 이윽고 해안가에 도착하자

아홉,

새하얀 모래사장과 푸르디푸른 바다가 시야를 가득 채웠다. 차를 멈춘 제인은 토니를 안아 마치 아기처럼 조심스레 담요로 싸서 모래사장에 살포시 내려주었다. 그는 건강했지만 스스로 걸을 수는 없었다.

두 사람이 나란히 앉았고 나는 조금 뒤에서 그들의 모습을 지켜보았다. 토니는 오랫동안 머나먼 바다를 응시했고 우리는 가만히 침묵을 지켰다.

작고 귀여운 체격의 제인은 더없이 소탈하고 활달한 성격의 소유자였다. 그녀의 작은 몸을 감싸고 있는 단정하고 검은 수도복은 올곧고 강인한 성품을 말해주는 듯했고, 머리에 쓴 면사포 밖으로 살짝 흘러내린 금발 곱슬머리와 큼지막한 눈은 다정하고 따뜻한 분위기를 풍겼다. 애정 가득한 눈길로 토니를 바라보는 그녀의 옆모습을 보며 나는 회상에 잠겼다.

미국 남부에서 태어난 제인은 오래전부터 결혼을 약속한 청년이 있었다. 그런데 어느 날, 두 사람의 운명을 바꿔놓는 사건이 터졌다.

달빛이 환하게 비추던 밤이었다. 많은 사람들이 모여 있는 공원에 흑인 남자 한 명이 나타나 무차별적으로 총을 난사하기 시작했다. 평화로운 공원은 순식간에 처참한 아수라장으로 돌변했다. 겁에 질린 사람들은 비명을 지르며 이리저리 도망갔고, 범인은 사냥감을 쫓는 맹수처럼 이들을 뒤따르며 거침없이 방아쇠를 당겼다. 하나둘씩 피를 토하고 울부짖으며 쓰러졌고, 그야말로 생지옥이 따로 없었다.

얼마나 시간이 흘렀을까. 제인이 정신을 차리고 보니, 약혼자가 그녀를 자기 등 뒤에 세워 보호한 채 범인과 대치하고 있었다. 일촉즉발의 순간이었다. 죽음과 맞닥뜨린 절체절명의 위기 속에서도 청년은 오로지 제인을 지켜야 한다는 일념뿐이었다. 그는 섬광 같은 눈빛으로 상대를 노려보았고, 범인은 그의 기세에 눌려 총을 버리고 뒷걸음치다가 도망쳤다.

구급차가 도착하자 몇 명의 희생자가 실려 나갔다. 새하얗게 질린 그녀는 꼼짝 않고 그 자리에 서 있었다. 신경이 마비된 것처럼 온몸에 아무 감각이 없었다. 죽을 고비를 넘기고 사태가 진정되자, 두 사람은 힘이 쭉 빠지면서 그제야 살았다는 사실을 실감했다. 나중에 밝혀진 사실이지만 범인은 정신 이상자였다.

죽음의 직전까지 갔던 경험은 두 사람의 내면에 크나큰 변화를 가져왔다. 삶과 죽음이 종이 한 장 차이라는 것을 깨닫고 삶의 가치를 새롭게 발견한 그들의 인생관은 뿌리째 바뀌었다. 두 사람은 오랫동안 진지한 대화를 나누었고, 제인은 고통받는 이들의 마음을 어루만지는 수녀가, 약혼자는 남미 오지에서 평생을 봉사하는 의사가 되었다. 보통 사람이라면 그저 지워버리고 싶은 끔찍한 기억으로 남았을지도 모른다. 하지만 두 사람은 죽음의 밑바닥까지 떨어졌던 경험을 의미 있게 받아들였고, 각각 죽어가는 몸과 마음을 치유하는 길을 선택했다.

캘리포니아 해안에서 불어온 부드러운 바람이 온몸을 포근히 감쌌다. 토니는 두 시간 동안 묵묵히 바다를 바라보았고 제인도 소년을 배려해 침묵을 지켰다.

얼마쯤 시간이 흘렀을까. 이윽고 토니가 입을 열었다.

"수녀님, 제가 죽으면 수녀님이 장례식을 치러주세요."

제인은 긴 침묵으로 답했다. 소년은 잠시 후 살며시 속내를 내비쳤다.

아홉,

"저는요, 외할머니 계신 곳에 가고 싶어요."

토니는 엄마가 없었다. 어릴 적 부모가 이혼하자 엄마는 그를 남겨두고 멕시코에 있는 친정으로 떠나버리고 말았다. 그는 엄마가 멕시코에 있다는 걸 어렴풋이 짐작하고 있었지만 아빠에게 혼날까 봐 엄마에 대한 것을 입 밖에 낼 수 없었다. 아빠가 없는 지금도 그는 결단코 '엄마가 있는 곳'이라고는 말하지 않았다.

제인은 깊은 침묵을 깨고 대답했다.

"그래, 외할머니가 계신 곳에 가고 싶구나. 참, 외할머니가 멕시코에 계신다고 했었지? 토니가 건강해지면 수녀님이 데리고 가줄게. 그러니까 빨리 나으렴."

"네!"

토니의 얼굴에 화색이 돌았다. 그리고 재차 물었다.

"외할머니 있는 곳에 가면 얼마나 묵을 수 있어요?"

"토니가 건강하기만 하면 얼마든지."

"그럼 외할머니 말고 다른 사람하고도 있을 수 있어요?"

"물론이지."

"……몸이 없어도요? 죽어버리면 몸이 없어지잖아요."

"그래, 죽으면 몸은 없어지고 영혼만 남게 된단다. 그래도 괜찮아. 영혼만 있어도 얼마든지 머물 수 있으니까."

"그럼 지금은 몸이 있어서 못 가지만 몸이 없어지면 외할머니 있는 곳에 계속 있을 수 있는 거예요?"

"그렇고말고. 몸이 없어지고 영혼만 남으면 토니가 그곳에 가지 않아도 좋아하는 사람과 언제까지고 함께 있을 수 있단다."

"몸이 없어져서 어디든 갈 수 있게 되면, 내가 좋아하는 사람이 있는 곳에 갈 거예요!"

"그래."

제인은 토니의 눈을 바라보며 부드럽게 대답했다.

"수녀님은 내가 좋아하는 사람이 누군지 알아요?"

토니는 눈을 동그랗게 뜨고 물었다.

"토니가 좋아하는 사람이라…… 그게 누굴까?"

"바로 우리 엄마예요!"

"그렇구나."

토니는 빙긋이 웃으며 고개를 끄덕였다.

"수녀님, 제 장례식 꼭 수녀님이 해주셔야 돼요. 하지만 슬퍼하진 마세요. 난 죽어서 엄마가 있는 곳에 갈 테니까요. 병원에서도 찾지 마세요. 아무리 찾아도 전 없어요. 그러니까 수녀님, 제 장례식에 올 때 저 찾으면 안 돼요. 알겠죠, 수녀님?"

토니는 마치 자기보다 어린아이에게 차근차근 설명해주듯 제인에게 말했다.

"내가 좋아하는 사람은 엄마예요."라며, 평생을 간직해온 비밀을 털어놓은 토니는 돌아오는 차 안에서 깊은 단잠에 빠져들었다.

일주일 뒤, 그의 영혼은 천국으로 떠났다.

제인은 약속대로 그의 장례식을 주관했다.

아홉,

이따금 나는 그녀가 약혼자와 결혼했다면 어떻게 됐을까 상상해본다. 분명 그들은 훌륭한 가정을 꾸렸으리라. 하지만 그녀는 자신의 아이를 갖는 대신, 죽어가는 어린 영혼을 보듬고 그들 곁에서 용기와 희망을 전하는 길을 선택했다. 생사의 갈림길에서 위대한 깨달음을 얻고, 그것을 위해 평생을 바치며 살아가기를 다짐했기에 가능한 일이었다.

눈이 시리도록 아름다운 캘리포니아 햇빛과 새하얀 백사장을 떠올릴 때마다 제인과 토니가 선사해준 감동이 내 마음을 촉촉이 적신다. 진정한 삶을 추구하고자 했던 아름다운 두 청춘의 열망이 오래도록 세상을 따뜻하게 비추기를.

열,
"죽음과 마주한 지금,
나는 두렵지 않습니다."

"고백하자면, 나는 당신에게 독기를 쏟아내면서 살아 있음을 실감했는지도 모릅니다. 내 안에 이토록 강렬한 에너지가 남아 있다는 것을 확인하면서 말입니다. 나는 당신을 미워하고 괴롭히면서 살아가는 힘을 얻었고, 내 안에 똬리를 틀고 숨어 있던 검은 응어리를 분출시킬 수 있었습니다. 죽음이 눈앞에 다가온 지금, 나는 당신이라는 대상을 통해 검은 응어리를 바닥까지 토해낼 수 있었습니다. 덕분에 원망, 미움, 질투심…… 어둡고 추악한 감정으로부터 해방되어 나는 완전히 정화되었습니다. 당신은 의식하지 못했겠지만, 내 무시무시한 독기를 전부 받아내는 역할을 해준 것입니다. 아아, 나는 얼마나 몹쓸 죄인입니까."

미국에 체류하던 시절 알게 된 젊은 수녀에 관한 이야기다.

프랑스 릴에서 태어난 그녀는 독실한 카톨릭 집안에서 자랐다. 어릴 적부터 종교적 전통이 강한 환경 속에서 살아온 그녀가 수녀가 된 건 지극히 자연스러운 선택이었다. 반듯한 모범생에다 착하고 상냥한 그녀는 빈곤과 에이즈로 고통받는 아이티에 선교사로 파견되었고, 빈민을 위해 아낌없이 헌신하고 봉사했다.

그러던 어느 날, 몸이 심상치 않다는 예감이 들어 설마 하는 심정에 병원을 찾았고, 의사는 암이라고 통보했다. 그녀의 나이 34세였다.

내가 캘리포니아 해안가에 위치한 그녀의 병실을 찾았을 때, 암은 이미 몸 곳곳에 전이되어 수술조차 불가능한 상태였다. 쇠약해질 대로 쇠약해진 그녀는 바다가 보이는 창가 쪽 침대에 누워 해맑은 웃음으로 나를 맞이했다.

"전 괜찮아요. 이 병은 주님이 저를 위해 준비해 주신걸요. 저는 그분의 사랑을 믿어요."

마치 친아버지처럼 예수님을 친숙하고 다정하게 여기는 모습을 보면서 나는 어릴 적부터 신의 존재를 느끼며 자란 그녀가 참으로 부러웠다. 그녀는 지금까지 주님께 받은 사랑으로 행복했고 앞으로도 그럴 것임에 한 치의 의

심도 없었다. 지금 앓고 있는 병마저도 인간으로서 한 발짝 더 성장하기 위해 주님께서 준비하신 선물이라 믿고 있었다.

그녀는 언제나 입가에 웃음이 가득했고 수많은 문병객들에게 따뜻하고 상냥한 배려를 잊지 않았다. 이쯤 되면 누가 환자인지 헷갈릴 정도였다. 진심으로 주님을 사랑하는 그녀의 믿음은 암이라는 무서운 병마와 싸우면서도 결코 무너지는 일이 없었다.

그러던 어느 날, 수녀와 친한 신부에게 전화가 왔다. 그녀가 얼마 전부터 '마음의 어둠'에 빠져 괴로워하고 있으니 부디 다시 한 번 그녀를 보러 가달라는 요청이었다.

'마음의 어둠'이란 자신의 신앙에 대한 믿음이 흐려지고 주님의 빛을 볼 수 없는 괴로움을 어둠에 비유한 말이라고 한다. 나는 그토록 신의 사랑을 믿어 의심치 않으며 천국에 갈 것이라고 기뻐하던 그녀가, 신의 존재를 불신하며 죽음의 공포에 떨고 있다는 사실을 쉽사리 믿을 수가 없었다.

당장 가봐야겠다고 마음먹었지만 바쁜 일상에 쫓기던 터라 선뜻 시간을 내지 못하다가 한참 뒤에야 병문안을 갔다. 그녀를 본 순간, 나는 내 눈을 의심했다. 삐쩍 마르다 못해 뼈만 앙상해진 모습으로 무겁게 침묵을 지키는 모습은 내가 아는 그녀가 맞나 싶을 정도로 낯설기만 했다. 화사한 꽃처럼 주위를 환히 밝히던 빛은 온데간데없고, 어둡고 침울한 공기만이 병실 안을 가득 채우고 있었다. 그녀는 나를 잠자코 바라보다가 서서히 말문을 열었다.

"저는 아이티에 오기 전에 아프리카에 선교사로 있었습니다. 원래는 그곳에서 평생을 헌신할 생각이었지요. 하지만 그 지역 수도원장의 눈 밖에 나서…… 지독한 괴롭힘을 견디다 못해 그만 프랑스로 돌아와 버렸답니다. 그

늙은 수녀는 프랑스 사람이었는데, 겉으로는 누구보다 어질고 선량했지만 저에게만은 유독 모질고 가혹했지요. 너무도 교묘한 방법으로 괴롭히는지라 누구 하나 눈치채지 못했어요. 남들에겐 성녀였을지 몰라도 저에겐 악마나 다름없었습니다. 저는 그때 겨우 스물세 살이었어요. 태어나서 처음 겪는 시련에 어떻게 대처해야 할지 몰랐지요. 결국 도망치고 말았습니다. 그렇게 아프리카를 떠났지만 빈민을 위해 평생을 바치겠다는 마음만은 변함없던 저는 세상에서 가장 가난한 나라라는 아이티에 자원했습니다. 시간이 꽤 흐른 뒤, 절 괴롭히던 수도원장이 세상을 떠났다는 소식이 들리더군요. 그리고 반년 후, 그녀가 나에게 쓴 편지가 도착했습니다."

그녀는 희미한 목소리로 간신히 말을 이었다. 긴 이야기를 하기엔 힘에 부쳐 보였지만 정신만은 또렷했다. 편지 내용은 다음과 같았다.

당신이 프랑스로 돌아간 지 한 달이 지났습니다. 그동안 나는 당신을 지독하게 괴롭히고 미워했습니다. 너무 늦어버렸다는 걸 알지만 이제라도 용서를 구하고 싶습니다.

실은 난 암 환자입니다. 그 사실을 알면서도 죽음이 다가왔음을 인정하지 않았습니다. 나는 살고 싶어서 악착같이 발버둥 치며 괴로워했습니다. 바로 그 무렵, 스물세 살의 싱싱하고 아름다운 한 송이 꽃 같은 당신이 내 앞에 나타난 겁니다. 생명과 희망, 행복, 아름다움 그 모든 것들을 형상화한 것 같은 당신을 볼 때마다 내 마음속에는 형용할 수 없이 강렬한 질투심이 타올랐습니다. 난 암에 걸려 늙고 병들어 죽어가는 비루한 육신, 반면 당신은 눈부신 빛에 둘러싸여 있었지요. 난 당신이 미워서, 너무도 미워서 견딜 수가 없었습니다.

열,

처음에는 그런 마음을 억누르고자 열심히 기도하며 당신에게 친절히 대하려고 노력했습니다. 하지만 하루에도 수천 번씩 출몰하는 증오의 감정을 누르기엔 역부족이었습니다. 암이 내 몸과 영혼을 갉아먹으면 먹을수록 나의 추악한 본능이 불쑥불쑥 튀어나왔지요. 이성으로 본능을 억제하기엔 행복의 빛으로 둘러싸인 당신에 대한 분노가 너무도 컸습니다.

고백하자면, 나는 당신에게 독기를 쏟아내면서 살아 있음을 실감했는지도 모릅니다. 내 안에 이토록 강렬한 에너지가 남아 있다는 것을 확인하면서 말입니다.

당신이 떠난 지금, 나는 내가 얼마나 비겁하고 추한 인간이었는지 뼈저리게 느낍니다. 당신은 털끝 하나 잘못한 게 없습니다. 당신의 모든 것을 질투한 내 잘못입니다.

아니요, 오히려 당신에게 감사해야 마땅합니다. 나는 당신을 미워하고 괴롭히면서 살아가는 힘을 얻었고, 내 안에 똬리를 틀고 숨어 있던 검은 응어리를 분출시킬 수 있었습니다. 죽음이 눈앞에 다가온 지금, 나는 당신이라는 대상을 통해 검은 응어리를 바닥까지 토해낼 수 있었습니다. 덕분에 원망, 미움, 질투심…… 어둡고 추악한 감정으로부터 해방되어 나는 완전히 정화되었습니다. 당신은 의식하지 못했겠지만, 내 무시무시한 독기를 전부 받아내는 역할을 해준 것입니다. 아아, 나는 얼마나 몹쓸 죄인입니까.

주님은 천인공노할 내 죄를 대신 속죄하기 위해 십자가 위에서 돌아가셨습니다. 나는 믿습니다. 죽음을 넘어 다시 부활하시어 영원히 살아남으신 주님은 마르지 않는 샘과 같은 사랑으로 당신이 겪은 괴로움을 기쁨으로 갚아주실 것임을.

죽음과 마주한 지금, 나는 두렵지 않습니다. 이토록 비천한 나를 용서하고 받아들여주신 주님의 사랑을 느끼며 평온한 기분마저 듭니다. 다만 떠나기 전, 당신께 마음속 깊이 사죄하고 감사한 마음을 전하고자 부끄럽지만 이렇게 펜을 듭니다.

늙은 수녀의 편지를 읽어 내린 그녀는 만감이 교차하는 표정으로 말을 이었다.

"저는 지금까지 에이즈로 죽어가는 사람들을 숱하게 봐왔습니다. 선천적으로 에이즈를 갖고 태어난 아이들에 둘러싸여 살아왔지요. 얼마나 비참했는지 모릅니다. 하지만 저는 끔찍한 사건에도 반드시 주님의 뜻이 깃들어 있다고 믿고 또 믿었습니다. 에이즈로 고통스럽게 죽어가는 사람을 보며 '저렇게 괴로운 인생이라도, 의지를 가지고 성실하게 살아간다면 마지막 순간 꿋꿋이 살아온 삶을 되돌아보며 기뻐하리라.' 하고 생각했습니다. 아무리 끔찍한 병에 걸려도, 주님이 부여한 크나큰 계시라고 믿었습니다.

그런데 이곳에 와서, 저는 한순간 어둠의 밑바닥으로 추락하고 말았습니다. 부모님께 받은 가르침도, 수녀가 되어 배운 것도 깡그리 사라져 버렸습니다. 그때 제가 느낀 절망감을 어떻게 설명해야 할까요. 지금껏 당연한 듯 확신을 가져온 것들이 허무하게 무너진 겁니다. 저의 신념조차도 스스로 선택한 게 아니라, 그렇게 해야 되니까, 그렇게 사람들을 대해야 하니까, 믿어야 하니까, 해야 하니까, 해야 하니까…… 라며 스스로를 세뇌시켜 왔는지도 모릅니다. 실은 저 역시도 늙은 수녀처럼 검은 응어리를 가득 머금고 있었는데도 말이에요. 착한 우등생으로 포장해온 지난 30년간 제 모습은 가짜였습니다. 병원을 찾아오는 사람들 앞에서도 선량하고 독실한 신앙인의 얼굴로 거짓 연기를 해왔지요.

절망의 나락에서 신은 과연 존재하는가, 라고 처절하게 외치고 있을 때 늙

열,

은 수녀의 편지를 받았습니다. 저는 그녀의 기분을 아프도록 절절히 이해합니다. 자기 안의 추악한 어둠과 당당히 마주하고, 있는 그대로 받아들이는 용기야말로 주님이 죽음을 극복하시고 영원한 구원을 얻는 극복의 과정이라는 생각이 듭니다.

이토록 고통스러운 병에 걸린 뒤에야 저는 제 자신에게 솔직해질 수 있었습니다. 이렇게 괴로운 아픔을 겪다니 주님이 진정 존재하는지 전 확신할 수 없었습니다. 진흙탕처럼 더럽고 어두운 응어리를 간직한 채 정처 없이 자신을 구원해줄 빛을 찾고 있습니다. 지금도 모르겠습니다. 비루한 저를 지켜주고 믿어주고 사랑해줄 주님이 과연 존재하는지…….

그럼에도 불구하고 저는 믿고 싶습니다. 진정 주님의 존재를 믿고 싶습니다. 저는 편지 마지막에 적혀 있던 '당신이 내 무시무시한 독기를 받아내는 역할을 해주었기에 깨끗이 정화되어 평온하게 죽음을 맞이할 수 있다.' 라는 말을 믿습니다. 저 역시도, 그렇게 자신을 정화시켜줄 주님의 존재를 간절히 바라니까요."

가슴속 말을 거침없이 털어놓은 그녀는 피로한 기색이 엿보였지만 표정만은 더없이 평화로워 보였다. 수평선 아래로 살며시 물러가는 저녁노을이 바다를 주황빛으로 물들이고 있었다.

미천한 자신조차 사랑으로 보듬어줄 주님의 존재를 믿고 싶다고 고백한 그녀는 수녀이기 이전에 한 인간으로서 자신의 마음을 의연히 받아들였고, 비로소 힘을 얻었다. 그리고 그 힘은 그녀가 믿고자 했던 세계를 눈앞에 비추어 주었다. 자신 속의 빛과 어둠을 모두 수용하고 진정한 신앙과 구원을 얻은 위대한 순간이었다.

  붉은 석양이 물러가고 짙푸른 하늘과 달빛이 은은하게 바다를 비출 때까지 나는 그렇게 그 자리에 서 있었다. 영원히 잊을 수 없는 벅찬 감동을 가득 안은 채.

열,

열하나,
마지막 길을 떠나기 전,
가족의 체취가 곳곳에 담긴 집에서
보내는 시간이 간절합니다

콧날이 시큰해지고 가슴에 뜨거운 것이 울컥하고 솟구쳤다. 넌지시 모친의 두 뺨을 손으로 감쌌다. 그녀의 얼굴은 아들의 두 손에 쏙 들어갈 만큼 수척해져 있었다.
"어머니, 저를 낳아주셔서 감사합니다. 저를 길러주셔서 감사합니다. 그리고 지금까지 걱정만 끼쳐드려서 정말 죄송합니다."
살면서 단 한 번도 입 밖에 내본 적 없는 말이었다. 모친은 그의 손 위에 자신의 손을 겹치고 힘껏 힘을 주었다. 그러고는 입가에 희미한 미소를 머금고 천천히 고개를 내저었다.
'칸지, 널 낳고 기른 건 엄마로서 당연한 일이란다. 넌 나의 자랑스러운 아들이야.'

잔잔한 파도가 일렁이는 바다가 한눈에 내다보이는 고베의 한적한 마을. 언덕길을 올라가다 보면 왼편에 구마칸지 선생이 세운 갑상선 전문 병원이 보인다. 그는 이곳에서 '아하 선생'으로 통했다. 누군가 말을 꺼내면, 길쭉한 상체를 앞으로 내밀고 고개를 살짝 숙인 채 두 눈을 내리깔고 경청하다가 "아하~ 그렇군요!" 하고 추임새를 넣는 습관에서 생긴 별명이었다. 환자나 환자 가족들의 경우, 의사의 표정과 말 한마디에 민감하게 영향을 받기 마련이다. 그들은 자신들의 이야기를 성심 성의껏 들어주는 그의 태도에 호감을 가졌고, 나중에는 그의 이름보다 별명이 더 유명해졌다.

부드러운 가을빛이 부서지는 바다를 따라 달리는 기분이 더없이 상쾌했다. 고베의 큰길가에 어울리는 밝고 현대적인 병원에 들어서자, 마중 나와 있던 그가 웃으며 손을 흔들었다. 하얀 의사 가운을 말쑥하게 걸쳤지만 세상을 초월한 도인과 같은 풍모는 여전했다.

그와 보조를 맞추며 복도를 걷노라면 으레 간호사나 직원들을 지나치지만 병원장이라고 특별히 길을 비켜준다든가 유난스럽게 인사하는 일은 전혀 본 적이 없다. 위계질서가 엄격한 다른 대형 병원과는 분위기가 딴판이다. 도리어 과분할 만큼 인간적이고 정겨워서 올 적마다 적응하는 데 시간이 걸릴 정

열하나,

도였다.
  원장실 소파에 앉자마자 나는 기대감에 부푼 표정으로 "요즘 어때요?" 하고 물었다. 나는 그의 이야기를 듣는 게 정말 좋았다. 병원은 그야말로 작은 세상이다. 각양각색의 사람들이 짧게 혹은 길게 그곳을 지나치면서 절망과 고통, 감동과 눈물 등 수많은 사연을 펼쳐내는 곳이다. 그것이 아하 선생의 세심한 감수성과 맛깔스러운 입담을 거치면 그야말로 영화 못지않은 감동적인 휴먼 스토리로 완성되었다. 그의 얘기를 듣다 보면 어릴 적 할머니가 들려주는 전래동화처럼 무아지경이 되어 시간이 얼마나 흐르는지 모를 지경이었다.
  연신 뜸을 들이며 애간장을 태우던 그는 내 성화에 못 이기는 척 이야기보따리를 풀어놓았다.

  말기 후두암 환자 한 명이 입원했다. 이미 손을 쓰기에는 늦은 상태. 목이 심하게 부풀어 올라 목소리도 제대로 내지 못하는 할머니는 신문기자로 일하는 아들이 올 때마다 글씨를 써가며 절박하게 애원했다.
  '집에 가고 싶다! 날 집에 데려다 다오!'
  아들은 고민 끝에 주치의의 허락을 받고 노모를 집에 데려가기로 결심했다. 이미 죽을 날만 기다리고 있는 상황, 늦기 전에 어머니의 소망을 들어주고 싶었다. 당시 그녀의 주치의였던 아하 선생은 환자의 심정을 십분 이해했고, 한 시간이라는 조건으로 외출을 허락했다. 단, 혹시 모를 불상사에 대비해 그들과 동행하기로 했다. 아들에게 업힌 노모는 병원 앞에서 차에 옮겨져 그토록 그리워하던 집으로 향했다.

모자는 천천히 집 안으로 들어갔고 선생은 현관에서 그들을 기다렸다. 다른 가족들은 부재중이었다. 소박하고 아담한 집은 적막에 잠겨 있었다. 모자가 있는 방에서는 조그만 소리조차 들리지 않았고, 그렇게 시간은 하염없이 흘러갔다.

정확히 한 시간 뒤, 아들에게 업힌 노모가 나왔다. 두 사람 모두 무척이나 개운한 표정이었다.

한 시간 동안 두 사람 사이에 어떤 필담이 오갔는지, 무슨 일이 있었는지 선생은 알지 못한다. 어쩌면 그저 방 안에 나란히 앉아 정든 집 안의 공기를 느꼈을지도 모른다. 마지막 길을 떠나기 전, 노모가 그토록 간절히 원한 건 가족의 체취가 곳곳에 담긴 애정 어린 집에서 차분하게 보내는 시간이 아니었을까.

병원으로 돌아오는 차 안에서도 평화로운 공기가 모자 주변을 가득 맴돌고 있었다. 그는 의사로서 가진 신조를 다시 한 번 확인했다.

'의사가 환자에게 해줄 수 있는 것은 약을 투여하거나 주사를 놓는 것만이 아니다. 환자를 존중하고, 그가 진정으로 원하는 것을 들어주는 것이다.'

아하 선생은 일찍이 음악을 사랑하던 감수성 풍부한 청년으로, 장차 음악가의 길을 걷고자 마음먹었었다. 그런데 아버지 뒤를 이어 병원을 물려받기로 한 형이 전쟁터에서 전사하자 어쩔 수 없이 음악가의 꿈을 접고 의대에 진학했다.

세월이 흘러 그는 성공적으로 병원을 운영했지만, 음악을 하면서 사람들과 소통하고자 했던 열정은 가슴속에 소중히 간직하고 있었다. 당시 융의 심

열하나,

리학에 심취했던 그는 인간의 신체가 위로받기 위해서는 사람과 사람의 내적 교류가 필요하며, 인간에게 가장 중요한 시간은 바로 숨을 거두기 직전이라는 것을 깨달았다. 그리하여 이승과 작별을 고하는 삶의 종착역에서 소중한 사람들에게 둘러싸여 보내는 시간이 무엇보다 중요하다는 결론에 도달했다.

그는 병원을 증축하면서 임종을 맞이하는 환자를 위한 특별실을 따로 지었다. 일반 개인실에 다다미 열 장(약 다섯 평) 정도의 공간을 추가해 평소에 여러 가족들이 함께 지내는 데 불편함이 없고, 마지막 순간에 사랑하는 사람들이 지켜보는 가운데 따뜻하고 행복하게 눈을 감을 수 있도록 하자는 배려였다.

우리는 특별실에 들어가 다다미 위에 앉았다. 잔잔한 바다 같은 그의 얼굴에 일순 복잡한 감정의 파도가 일렁였다.

야심 차게 마련한 임종 환자 특별실에 처음 입원한 환자는 다름 아닌 그의 모친이었다. 병원 증축이 완성되고 얼마 지나지 않아 어머니가 식도암 판정을 받은 것이었다. 당시 그는 막 쉰을 넘겼을 때였고 상당한 충격을 받았다. 대학 병원에서 수술을 받은 그녀는 곧바로 아들의 병원에 입원해 방사선치료를 시작했다.

하지만 기대와 달리 병세는 점점 악화될 따름이었다. 더 이상의 치료가 부질없음을 깨달은 그는 어머니를 특별실로 옮기기로 결정했다. 그는 틈틈이 그녀의 상황을 살폈고 밤에는 다다미 위에서 잠을 청했다.

어느 일요일 오전, 그는 병상 머리맡에 앉아 있었다. 갑자기 사진으로 본 어머니의 처녀 시절, 신혼 당시 수줍고 풋풋했던 모습, 아이를 업고 피난 행렬에 나섰던 힘겨운 발걸음, 큰아들이 전사했다는 통보를 받고 심하게 떨리던 손 등등이 차례차례 선명히 떠올랐다. 순간 콧날이 시큰해지고 가슴에 뜨거운 것이 울컥하고 솟구쳤다. 넌지시 모친의 두 뺨을 손으로 감쌌다. 그녀의 얼굴은 아들의 두 손에 쏙 들어갈 만큼 수척해져 있었다.

"어머니, 저를 낳아주셔서 감사합니다. 저를 길러주셔서 감사합니다. 그리고 지금까지 걱정만 끼쳐드려서 정말 죄송합니다."

살면서 단 한 번도 입 밖에 내본 적 없는 말이었다. 모친은 그의 손 위에 자신의 손을 겹치고 힘껏 힘을 주었다. 그러고는 입가에 희미한 미소를 머금고 천천히 고개를 내저었다.

'칸지, 널 낳고 기른 건 엄마로서 당연한 일이란다. 넌 나의 자랑스러운 아들이야.'

그녀의 표정은 그렇게 말하고 있었다. 그는 어머니가 자신의 모든 것을 받아들이고 용서했다는 사실에 가슴이 먹먹해졌.

때마침 그 무렵, 그는 임사 체험에 관한 책을 읽고 있던 중이었다. 책 안에 기록된 수많은 증언들, 특히 생명의 촛불이 꺼진 뒤 망자가 다다르는 세계는 눈부신 빛으로 둘러싸이고 행복과 사랑이 충만한 곳이라는 내용에 감명받아 모친에게 그 이야기를 들려주었다. 그녀는 두 눈을 반짝이며 아들을 향해 고개를 끄덕였다. 그는 '어머니가 이 이야기를 듣고 행복해하시는구나.' 하고 생각하며 기뻐했다. 모자 사이에 마음의 교류가 이루어지는 순간이었다.

그로부터 며칠 뒤, 한밤중에 다다미방에서 자고 있던 아하 선생을 간호사가 흔들어 깨웠다.

"선생님, 방금 어머님께서 '안녕히'라고 말하는 것처럼 보였어요."

열하나,

그는 후다닥 몸을 일으켜 침대 옆으로 갔다. 그녀는 분명한 어조로 말문을 열었다.

"죽는 거니?"

그는 아연실색했다. 그동안 모친에게 병에 대한 내용은 일절 함구해온 터였다. 그는 태연한 척 가장하며 반문했다.

"누가요?"

그러자 그녀는 엄지손가락으로 자신의 얼굴을 가리켰다. 말문이 막힌 그는 뭐라 대답해야 할지 몰라 우물쭈물했다. 하지만 '어머니께서 이생을 떠날 날이 얼마 남지 않았음을 직감하신 걸까?'라는 생각이 그의 머릿속을 가득 채웠다.

그녀가 빙긋 웃음을 지었다. 그러고는 옆에 있는 펜을 들어 큼지막한 글자로 이렇게 적었다.

'네가 그렇게 당황하다니, 난 정말 죽는가 보구나.'

스산한 바람이 그의 가슴 한 켠을 스치고 지나갔다.

그로부터 사흘이 지났다. 모친의 병실을 찾은 그는 어렵게 입을 뗐다.

"치료가 예상대로 잘되지 않았어요. 목소리도 나오지 않게 되어버리고…… 정말 죄송합니다."

그녀는 미소를 지으며 그의 머리를 토닥토닥 쓰다듬었다. 어린아이를 달래듯이 다정한 손길이었다. 코끝이 찡해진 그는 눈물을 참고자 이를 악물었다.

이튿날 아침, 모친이 글씨를 적어 그에게 보여주었다.

'중요한 이야기가 있다.'

머리맡에 훌륭한 일본화가 그려진 부채가 여럿 펼쳐져 있고, 받을 사람의 이름이 각각 적혀 있었다. 평소에 일본화를 즐겨 그리는 모친이 입원한 뒤부터 틈틈이 그려온 것이었다. 아하 선생은 혹여 그것이 유언이 아닐까, 하는 기분이 들어 심장이 철렁 내려앉았다.

그녀는 차분한 얼굴로 다시 글씨를 적었다.

'한 가지 부탁이 있어.'

그는 고개를 끄덕이며 말했다.

"뭐든지 말씀하세요."

이미 어머니가 원하는 것이라면 뭐든지 들어드리겠다고 결심한 터였다.

최근 며칠 동안, 그는 병원 경영이 만사 순조롭다는 것을 알려드린 적이 있었다. 그녀는 고개를 끄덕이며 진지하게 귀를 기울였다. 따라서 그는 병원에 대한 부탁은 아니겠구나, 하고 생각했다.

'대체 어떤 부탁을 하시려는 걸까? 과연 내가 할 수 있는 일일까……'

각오는 했지만 도통 내용을 짐작하기 힘들었다. 긴장한 그는 마른침을 삼키며 자세를 고쳐 앉았다.

그녀는 펜으로 또박또박 적어 내려갔다. 단 한 줄이었다.

'시로를 부탁한다.'

시로는 그녀가 13년간 애지중지 길러온 개였다. 내심 마음을 졸이던 그는 순간 긴장이 풀렸다.

"알았어요. 맡겨주세요. 제가 잘 돌볼게요."

그는 지금껏 해왔던 것처럼 가정부에게 시로를 부탁하기로 약속했다. 모친은 그제야 안심이 된 듯 몇 번이고 고개를 끄덕였다. 그리고 그날 오후, 편

열하나.

안하게 숨을 거두었다.

　아하 선생은 자택에 고인의 시신을 모시고 장례 준비에 여념이 없었다. 부음을 듣고 가장 먼저 달려온 사람은 친구이자 그의 병원에서 의사로 일하는 가와노 선생이었다. 그는 원장실에 들어오자마자 "어머님이 결국 돌아가신 거야?" 하고 큰 소리로 외치며 울음을 터뜨렸다. 그 순간, 아하 선생은 자기 안에서 꾹꾹 눌러왔던 무언가가 툭, 하고 끊어지는 것을 느끼며 비로소 어머니가 이 세상에 없음을 실감했다. 그는 친구의 손을 잡고 오열했다. 그렇게 한바탕 울고 나니 가슴이 후련해지는 느낌이었다. 창가 아래서 시로가 나직이 흐느끼는 소리가 들려왔다.

　약속대로 시로는 가정부에게 맡겨졌다. 시로의 생이 다하는 날까지, 아하 선생은 가정부를 계속 고용하기로 마음먹었다. 시로는 그로부터 1년 후 어머니의 뒤를 따랐다.

　"최근에는 병원에서 임종을 맞이하는 경우가 많아졌어요. 그러다 보니 가족과 친척, 친구들과 마지막 이별을 고하는 공간이 병원에 필요하다고 생각하게 됐지요. 아무리 그렇다고 그 방을 내가 먼저 사용하게 될 줄은 꿈에도 몰랐지만요. 덕분에 간호사들 앞에서 어린아이 취급을 받아 쑥스럽긴 했지만, 어머니의 따뜻함을 느끼고 마음의 교류를 나눌 수 있어서 다행이었습니다."

　"아하."

　나는 그의 말버릇을 장난스럽게 따라 했다.

　마음이 치유되는 장소, 마음의 교류가 이어지는 다다미방에서 그는 어머니의 끝없는 사랑을 느끼고 행복했으리라.

열둘,
무언가를 기다리고,
그것을 만날 희망을 가진 사람은
놀라운 생명력을 얻게 됩니다

"무언가를 기다리고, 그것을 만날 희망을 가진 사람은 놀라운 생명력을 얻게 되지." 나치의 아우슈비츠 수용소에서 마지막까지 살아남은 이들은 하나같이 자신을 기다리는 사람이 있다는 희망을 지닌 사람들이었다. 인간이란, 생사의 갈림길에 서 있는 극한의 상황에서도 희망이 있으면 놀라운 치유력을 발휘하는 법이다.

내 고향 이즈는 봄소식이 빨리 찾아온다. 3월 막바지 무렵의 어느 날, 시모다 역에 하차한 나는 찬란하게 쏟아지는 햇살과 초록빛으로 물들기 시작한 산봉우리, 바람에 실려 온 바다 냄새에 봄이 성큼 다가왔음을 느꼈다. 얼마 전까지만 해도 수줍게 꽃봉오리를 품고 있던 벚꽃나무가 지금은 활짝 피어 꽃구름을 만들었다.

눈꽃처럼 흩날리는 벚꽃에 취해 무작정 발걸음을 옮기다 돌연 멈춰 섰다. 우아하고 화사한 자태를 뽐내는 꽃나무 뒤로 허름하고 칙칙한 병원 건물이 묘한 대조를 이루고 있었다.

한때는 문턱이 닳도록 다녔던 곳인데도 필요가 없어지자 무심해진 나 자신이 한심스러워 탄식이 절로 나왔다. 행여 이런 맘을 들키기라도 할까 바삐 역을 나오다가 문득 한 가지 기억을 떠올렸다.

'그 할아버지, 이후에 어떻게 지내고 계실까?'

엄마가 정원에서 크게 넘어져 대퇴부 골절 판정을 받고 이 병원에 실려 온 건 작년 연말 무렵이었다. 워낙 고령인지라 도쿄에 있는 병원까지 가기엔 무리였고, 급한 대로 이곳에 입원했다. 팔순을 넘긴 나이에 하루 종일 침대에 누

열둘,

워 있으면서 식사도 마음대로 못하게 되자 엄마는 눈에 띄게 체력이 떨어졌고, 설상가상으로 폐렴까지 걸리고 말았다. 나는 도쿄와 이즈를 오가며 정성껏 간호했고, 다행히 심각한 고비를 넘긴 엄마는 서서히 안정을 되찾아갔다.

그제야 나에게도 겨우 마음의 여유가 생겼다. 엄마가 곤히 잠들면 살그머니 병실 밖으로 나와 다른 병실로 들어가 다른 환자나 가족들과 인사를 나누었다. 그중에서도 나는 엄마가 계신 곳 바로 옆에 있는 4인실 병실을 자주 찾았다. 입원 환자는 할아버지들이 대부분이었고, 곁에서 간병하는 할머니들이 떠들썩하게 둘러앉아 세상 사는 이야기를 나누며 친하게 지내는 듯했다.

처음에는 호기심 어린 시선으로 날 바라보던 그들은 시골 특유의 푸근한 인심으로 이내 마음을 열었고, 우리는 금세 친해졌다. 질곡 가득한 인생을 살아온 그들의 이야기는 그 자체로 하나의 대하소설이었다.

나는 할머니들과 수다를 떨면서 어느 할아버지의 다리를 자주 주물러 드렸다. 가만히 듣고만 있는 것도 따분했거니와, 좀처럼 말이 없는 할아버지가 "다리가 아프다"며 낮게 중얼거리는 말을 들었기 때문이다.

주변 사람들은 쓰치야라는 이름의 그 할아버지에 대해 소상히 말해주었다. 작은 마을인지라 동네 사람들은 서로에 대해 속속들이 알고 있었던 것이다.

그는 평생을 바다에서 보낸 베테랑 어부였다. 역시 어부였던 아들이 하나 있었지만 배를 타다가 거친 파도에 휩쓸려 젊은 나이에 생을 마감하고 말았다. 유일한 가족이었던 아들을 바다에 빼앗긴 뒤 그는 고독하게 삶을 이어왔다. 그러다 2년 전, 세찬 바람과 성난 파도가 그가 타던 배를 덮쳤고, 노를 젓고 있던 그는 무서운 기세로 바닥에 내팽개쳐졌다. 일흔을 넘기고 슬슬 바다 인생을 마감하려던 차였다. 그 사고로 척수가 손상된 그는 2년 뒤 온몸이 마비되고 말았다. 평생을 거친 바람과 작렬하는 태양에 맞서 에너지 넘치는 삶을 살아온 그였다. 침대에 누워 온종일 시간을 보내는 생활이 이어지자 그는 무기력하게 쪼그라들었다. 내가 다리를 주물러도 눈을 크게 뜨고 멍하니 바라만 볼 뿐 표정에는 아무런 변화가 없었다.

한편, 엄마는 날마다 원기를 회복해갔고 재활에도 열심이었다. 2월 말에 병원을 찾았을 때는 며칠 뒤 퇴원한다는 소식에 희색이 만면했다. 나는 '이제 이 병원에 더 올 일은 없겠구나.' 하고 생각하며 작별 인사도 할 겸 옆 병실을 찾았다.

쓰치야 씨는 예전보다 한결 수척해진 모습이었다. 병실 사람들이 가끔 말을 걸어준다고는 하나 누구 한 사람 찾아오는 일 없이 침대 위에 덩그러니 홀로 남겨진 그가 나는 눈에 밟혔다.

"쓰치야 씨, 몸조리 잘하세요. 3월 말에 다시 올게요."

3월 말쯤 퇴원한 엄마를 보러 이즈를 다시 찾으리라 생각한 나는 무심코 이렇게 내뱉었다. 그러나 도쿄에 돌아간 뒤로 그 약속은 내 기억 속에서 깡그리 사라지고 말았다.

'쓰치야 씨는 하늘나라로 가셨겠지······.'

그래도 혹시나 아는 얼굴이 있을까 싶어 병원을 기웃거리자, 낯익은 간호사 한 명이 다가왔다. 그녀는 내가 묻기도 전에 쓰치야 씨가 1인실로 옮겨져 오늘내일하는 상태라고 전해주었다. 그런데 다음 말이 놀라웠다. 그동안 사경을 헤매면서도 한 달 반을 기적적으로 버텨왔다고 했다. 마치 누군가를 애타게 기다리고 있는 것처럼.

열둘,

나는 우선 예전에 친하게 지냈던 4인실로 발걸음을 옮겼다. 환자들은 대부분 바뀌어 있었지만 할머니 한 분은 그대로였다. 그녀는 나를 보자마자 눈을 동그랗게 떴다.

"어머나! 혹시 쓰치야 씨가 오매불망 기다리던 사람이 혹시 선생님 아니에요?"

그제야 지난번 무심결에 다시 찾아오겠다고 했던 약속이 생각났다. 나는 부리나케 쓰치야 씨의 병실로 향했다. 어두컴컴하고 적막한 방에 홀로 누워 있는 그의 흙빛 얼굴에는 죽음의 그림자가 짙게 드리워져 있었다.

"도쿄에서 선생님이 오셨어요."

간호사의 목소리를 알아들었는지, 그는 앙상하게 말라비틀어진 암갈색 손을 희미하게 휘적거렸다. 초점 없이 흐릿한 눈동자가 나를 바라보았고, 이내 눈가에 물기가 어렸다.

나는 고목처럼 갈라지고 메마른 할아버지의 손을 꽉 잡았다. 생과 사를 넘나드는 갈림길에서 그는 죽음의 사신을 악착같이 밀어내며 오로지 내가 오기만을 기다린 것이었다. 내가 별 뜻 없이 내뱉은 그 약속을 굳게 믿고서.

"역시…… 그랬군요. 이분을 기다리고 계셨군요."

"그렇게 누군가를 기다리는 것 같더라니……."

"아무리 그래도 한 달 반이나 버티다니 굉장해요."

"선생님과의 약속을 지키려고 한 거예요."

"이제, 평안히 떠날 수 있겠네요."

거칠고 모진 파도 탓에 목청이 커진 마을 노인들이 나누는 대화가 병실 안까지 들려왔다.

인사치레로 내뱉은 말을 그토록 소중하게 간직하고 있었다니, 얼마나 사람이 그리웠으면……. 가슴이 아릿해졌다.

"쓰치야 씨, 제가 왔어요. 기다려 주셔서…… 감사합니다."

나는 그의 손을 힘주어 잡았다. 복받쳐 오르는 감정을 삼키며 나직이 속삭이는 내 목소리를 듣고 그는 하염없이 눈물을 흘렸다. 미라처럼 바싹 야윈 몸 어디서 이다지도 많은 눈물이 나올 수 있는 건지 신기했다.

앙상한 가죽만 남은 다리를 주무르며 나는 눈물을 글썽였다. 누군가 나를 이토록 필요로 한다는 사실에 마음이 뭉클해졌다. 그는 온화한 미소를 머금은 채 잠이 들었고, 나는 그의 얼굴을 가만히 바라보다가 조용히 병실을 나왔다.

이즈의 평화로운 봄 바다를 지나 고향 집으로 향하는 내내 머릿속은 쓰치야 씨에 대한 생각으로 가득했다. 내가 한 일이라고는 그저 다리를 주물러준 것뿐이었다. 하지만, 병원에서 의사나 간호사를 제외하고 누군가 그의 몸을 정성껏 만져준 적이 단 한 번이라도 있었을까? 그는 사람의 온기가 그리웠던 것이다. 그리고 다시 한 번 그 온기를 느낄 수 있다는 희망이 죽음의 문턱에 선 그에게 생명력을 불어넣었으리라.

나치의 아우슈비츠 수용소에서 마지막까지 살아남은 이들은 하나같이 자신을 기다리는 사람이 있다는 희망을 지닌 사람들이었다. 인간이란, 생사의 갈림길에 서 있는 극한의 상황에서도 희망이 있으면 놀라운 치유력을 발휘하는 법이다.

언젠가 친한 의사가 자신의 경험담을 들려준 적이 있다.

열둘,

1984년 봄, 도쿄에 있는 국립병원에서 일하던 그는 신기한 현상을 목격했다. 수많은 중병 환자들이 병원에서 예측한 임종 시기를 며칠이나 늦추며 생명을 유지하고 있었던 것.

아무리 생각해도 풀리지 않는 수수께끼였다. 그러던 어느 날, 병실을 회진하던 중 간병인 한 명이 울상을 지으며 큰소리로 외쳤다.

"다음 주에 〈오싱(おしん, 1983년에 방영을 시작한 NHK 아침 연속극으로, 당시 60% 이상의 시청률을 기록한 국민 드라마)〉이 끝난대요!"

그 한마디에 병실 여기저기에서 탄식이 흘러나왔고 환자들은 하나같이 실망하는 기색이 역력했다. 순간 그의 머릿속을 빠르게 스쳐 지나가는 기억 하나가 있었다.

낮 한 시가 가까워지자, 초췌한 환자들의 얼굴에 생기가 돌고 잠자던 환자도 눈을 뜨던 모습을 보고 희한하게 여겼더랬다. '앗!' 그는 무릎을 탁 쳤다. 알고 보니 환자들 대부분이 NHK 연속 드라마 〈오싱〉의 열혈 시청자였다. 아침에는 텔레비전 시청이 금지되어 있기에 12시 45분부터 시작되는 재방송을 보려고 다들 목이 빠지도록 기다리고 있었던 것이다. 〈오싱〉은 환자들의 유일한 낙이었다. 저마다 녹록치 않은 삶의 무게를 짊어지고 살아온 그들은 고난을 이겨내고 격동의 시대를 꿋꿋이 살아가는 가난한 산골소녀 '오싱'을 자신과 동일시하며 지난 생애를 되돌아보고 있었던 것이다.

그는 〈오싱〉이 끝나면 머지않아 여러 환자들의 생명도 끝을 맞이하겠구나, 하고 직감했고, 예상은 빗나가지 않았다.

최종회가 끝난 날 밤, 네 명의 환자가 숨을 거두었다. 그리고 이튿날부터 일주일 동안 무려 열 명이 넘는 환자들이 뒤를 따랐다. 누구보다 〈오싱〉에 푹 빠져 지내던 사람들이었다.

단순한 우연의 일치인지도 모른다. 〈오싱〉의 애청자들은 그들보다 훨씬 많았으니 말이다. 하지만 아침부터 드라마가 방영되는 시간을 애타게 기다리고, 드라마가 끝나면 다시 그것을 볼 수 있다는 희망이 꺼져가는 생명에 다시금 불씨를 지폈다는 사실만은 분명했다.

"결국 무언가를 기다리고, 그것을 만날 희망을 가진 사람은 놀라운 생명력을 얻게 되지."

그는 긴 이야기를 마무리 지으며 이렇게 덧붙였다.

쓰치야 씨는 내가 병실을 떠난 뒤 깊은 잠에 빠져들었고, 그날 밤 조용히 생을 마감했다.

평생을 바다에서 보내며 자연과 공존하는 법을 터득한 어부의 삶이었다. 혹독한 먹구름이 끼면 맑게 개기를 기다리고, 사나운 비바람이 몰아치면 잠잠해지기를 기다리며, 거친 폭풍을 견디고 나면 어느새 잔잔하고 평화로운 바다가 눈앞에 나타났다. 자연의 순리를 따르고 기다리면 언젠가 괜찮아지리라는 희망을 갖고 살아온 그는 이생을 떠나는 마지막 순간에 진정한 생명력을 발휘했다.

열둘,

열셋,
사람은 죽는 순간
위대한 분의 마중을 받으며
빛의 세계로 떠납니다

내가 "그 아이는 시설을 나온 뒤부터 고된 일상에 허덕이며 살아왔기에 평소 '아름답다'고 말할 기회가 없었을 거예요. 그러니 죽음을 앞두고 '아름답다'라고밖에 표현할 길이 없는 무언가를 본 것이 분명해요."라고 말하자 간호사는 고개를 끄덕이며 지금까지 수많은 사람들의 죽음을 봐왔는데, 그처럼 눈을 뜨고 무언가를 바라보면서 가슴 벅찬 표정으로 숨을 거둔 환자가 여럿 있었다고 말하고는 이렇게 덧붙였다. "사람은 죽는 순간 위대한 분이 맞이하러 온다는데, 정말인가 봐요."

"일주일 후면 저도 쉰 살이 되네요. 엄마는 부쩍 병세가 악화되셨어요."

아키코에게 전화가 걸려왔다. 말기 암 환자인 모친의 상태가 심상치 않다며 걱정이 이만저만이 아니었다. 사쿠라이 씨는 캘리포니아 출생의 일본계 2세다. 결혼을 한 뒤 일본에서 신혼살림을 시작했고, 딸 아키코를 낳고 평범하지만 행복한 인생을 걸어왔다. 그러던 그녀가 병에 걸린 뒤부터 부쩍 이상한 행동을 보인다는 것이었다.

얼마 전에는 "가슴속에 쥐가 미쳐 날뛰고 있다!"라며 가슴을 마구 쥐어뜯으며 괴로워했단다. 당황한 가족들이 병원에 데려가자 의사는 황당한 표정을 지었다.

"쥐 같은 건 없습니다."

하지만 아무리 설명해도 그녀는 믿으려 하지 않았다. 평소에 특별히 쥐를 무서워한 것도 아니고 최근에 쥐가 화젯거리에 오른 적도 없는데 답답한 노릇이었다. 몸이 아무리 괴로워도 정신만은 또렷했던 엄마인데……. 심난해진 아키코는 힘없이 집으로 돌아와 현관문을 열었다.

"현관에 뭐가 있었는지 아세요? 징그러울 만큼 커다란 쥐 사체가 덩그러

열셋.

니 놓여 있지 뭐예요. 온몸에 소름이 끼쳤어요. 특별히 미신을 따지는 건 아니지만, 방금 전까지 쥐가 몸 안에 있다며 몸부림치던 엄마를 보고 돌아온 뒤라 더욱더 예사로 느껴지지 않았어요. 전 비명을 질렀고 놀란 남편이 달려 나왔지요. 한 시간 전에 남편이 집에 왔을 때는 분명 쥐 같은 건 없었대요. 불현듯 기분 나쁜 예감이 들어 병원에 전화를 걸었더니 간호사 말로는 제가 돌아간 뒤 엄마는 진정이 되어 잠들었다고 하더군요.

하지만 공포감은 사라지지 않았어요. 저는 겁에 질린 아이처럼 덜덜 떨면서 남편에게 달라붙어 '쥐! 쥐!' 하고 울부짖었어요. 그야말로 패닉에 빠진 저를 달래느라 남편은 밤새 진을 뺐지요. 그리고 다음 날 아침, 남편은 여전히 공포에 떠는 저를 보며 지푸라기라도 잡는 심정으로 문화인류학 학자인 친구에게 전화를 걸었어요. 그러자 자초지종을 전해 들은 그분은 동요하는 기색 없이 매우 차분한 어조로 이렇게 답했다는군요. '유럽에서는 쥐가 큰 소란을 일으키면, 당사자의 내면이 매우 불안정함을 의미한다네. 특히 죽음을 앞둔 사람에게 자주 나타나는 현상이지.' 그러면서 쥐의 사체가 현관에 굴러다녔다는 것과 엄마가 평온을 되찾았다는 것 사이에는 상징적인 인과관계가 있을지도 모른다고 덧붙이더래요. 융이 말하는 '공시성(共時性, 논리적으로 설명하기 힘든 우연의 일치)'으로 짐작된다면서요.

터무니없는 미신에 불과하다며 비웃지나 않을까 걱정했는데 진지하게 얘기를 들어주면서 차근차근 설명해주신 덕분에 저는 마음을 가라앉힐 수 있었어요. 그분 말씀에 따르면, 저를 공포에 몰아넣었던 쥐의 사체는 엄마가 마음의 고통을 극복해낸 증거인 셈이니까요."

그녀의 이야기를 들으며 나는 어릴 적 할머니 손에 이끌려 절을 찾았던 일이 생각났다. 할머니는 부처님이 열반에 이르는 모습을 그린 그림 앞에 날 데려갔다.

"이것 봐. 부처님이 영원히 잠드시기 전에 쥐들도 저렇게 모여들었네."

오랜만에 생각난 할머니와 아키코의 불안함을 달래준 문화인류학자의 따뜻한 마음이 겹쳐져 나는 무심코 미소를 지었다.

다음 날, 나는 아키코의 안내로 사쿠라이 씨의 병실을 방문했다. 앙상한 몸 여기저기에 튜브가 꽂힌 살벌한 모습에 나도 모르게 탄식이 흘러나왔다. 병실에는 무거운 적막감이 감돌았다.

"사쿠라이 씨."

아무 반응이 없었다. 우리는 잠자코 의자를 끌어다 침대 가까이에 앉았다.

얼마 후, 그녀가 눈을 크게 떴다. 나를 가만히 쳐다보다가 아키코에게로 시선을 돌렸다. 눈빛이 또렷했기에 우리는 의식을 회복했나, 하고 생각했다. 바로 그 순간이었다.

"나는 에미 사쿠라이입니다."

그녀가 영어로 또박또박 이렇게 말하는 게 아닌가. 하지만 그건 잠꼬대였다. 가쁜 숨을 몰아쉬면서도 그녀는 눈을 감은 채 명확하고 강한 어조로 잠꼬대를 계속했다. 전부 영어였다.

"나는 일본인이 아닙니다."

당황한 아키코가 엄마의 몸을 만지려고 했지만 나는 재빨리 제지했다. 무엇보다 가슴에 맺힌 응어리를 전부 뱉어내는 게 급선무였다.

"나는 미국인이 아닙니다."

사뭇 엄숙한 말투였다.

열셋,

아키코가 살며시 내 귀에 대고 속삭였다.

"아시겠지만, 엄마는 미국에서 태어나고 자란 교포 2세예요. 겉은 일본인이지만 속은 미국인이죠. 하지만 미국에서는 일본인으로, 일본에서는 미국인으로, 어디에서도 이방인 취급을 받았어요. 미국도 일본도 자신의 나라가 아니라는 소외감이 항상 엄마를 외롭게 했답니다."

나는 고개를 끄덕이며 두 나라 사이에서 정체성을 잃어버린 사쿠라이 씨를 연민 가득한 눈으로 바라보았다. 하지만 다음에 들려온 잠꼬대는 내 진부한 예상을 보기 좋게 빗나갔다.

"나는 스페인인이 아닙니다."

"나는 중국인이 아닙니다."

그러고는 잠시 동안 침묵이 이어졌다. 아키코는 고개를 갸우뚱거렸다. 우리는 그녀가 무슨 이야기를 하고 싶은 건지 귀를 쫑긋 세우고 집중했다. 마침내 그녀가 다시 입을 열었다.

"일본은 내 나라가 아닙니다."

"미국은 내 나라가 아닙니다."

"독일은 내 나라가 아닙니다."

"칠레는 내 나라가 아닙니다."

"핀란드는 내 나라가 아닙니다."

……

말기 암 환자가 마치 원고를 읽어나가듯 유창하게 말하는 모습에 나는 놀라 입을 벌리고 지켜보았다. 여러 나라 이름을 줄줄이 읊은 그녀는 잠시 후 괴로운 듯 신음 소리를 내기 시작했다.

갑자기 아키코가 "앗!" 하고 외마디 비명을 질렀다. 사쿠라이 씨의 가냘픈 오른손이 탁자 위에 있는 성모마리아상을 붙잡은 것이었다. 마른가지 같은 손으로 성모마리아상을 높이 치켜 든 그녀는 눈을 번쩍 뜨고 남아 있는 힘을 쥐어짜내며 외쳤다.

"나는 이분의 나라에 갑니다. 그곳이야말로 내 나라입니다!"

피를 토해내듯 말을 마친 그녀는 그 자리에서 눈을 감았다.

머리를 숙인 모습으로 숨이 끊어진 사쿠라이 씨의 가슴 위에 작은 성모마리아 조각상이 양팔을 벌리고 그녀를 맞이하는 것 같았다.

사쿠라이 씨와 작별한 나는 한 달 전에 오하라 선생에게 들었던 청년의 이야기를 떠올렸다.

하야시 히로무라는 이름의 청년은 태어나자마자 선생이 후원하는 아동 보호시설에 맡겨졌다. 그는 그곳에서 중학교까지 마치고 운송 회사에 취직했고, 스물두 살이 된 뒤부터는 대형 트럭을 운전했다.

그러던 어느 날 마을 변두리에서 교통사고가 났고, 그녀가 황급히 달려갔을 때 청년은 이미 의식불명 상태였다. 의사는 가망이 없다며 고개를 가로저었다.

흰색 시트가 걷히고, 청년의 상반신이 드러났다. 핏자국 하나 없는 깨끗한 몸에는 무수한 유리 파편들이 촘촘히 박혀 있었고, 수술용 조명을 받아 다이아몬드 광산처럼 눈부시게 빛났다. 오하라 선생은 무시무시한 몸과 달리 단잠에 빠진 듯 평화로운 하야시 군의 표정을 보며 가슴이 미어졌다.

갓 태어난 아기 때부터 어엿한 청년으로 성장한 지금까지의 하야시 군의

열셋,

모습이 주마등처럼 머릿속에 스쳐 지나갔다.

신기한 일이었다. 눈앞에는 차마 보기 힘든 끔찍한 참상이 벌어졌는데, 그녀의 마음은 평온하기 그지없었다. 너무 큰 충격을 받으면 의외로 담담해진다고들 하는데, 그래서일지도 몰랐다.

그 순간, 믿기 힘든 광경이 펼쳐졌다. 하야시 군이 눈을 번쩍 뜬 것이었다. 검은 눈동자를 반짝이며 양 볼에 홍조를 띠고 희열감에 충만한 표정으로 천장 한쪽을 뚫어지게 응시했다. 그리고 양손을 시선과 같은 방향으로 벌린 채 힘차게 소리쳤다.

"아름답다!"

그 자리에 있던 의료진과 오하라 선생은 눈앞에 벌어지는 사태에 입을 다물지 못하고 멍하니 그가 바라보는 천장을 올려다보았다. 하지만 아무것도 없었다. 어안이 벙벙해져 있는 사람들은 아랑곳없이 그는 눈을 더욱 크게 뜨고 있는 힘껏 외쳤다.

"아름답다! 아름답다!"

그러고는 새가 양 날개를 접듯이 팔을 가지런히 내린 다음 깊게 세 번 숨을 쉬었다. 그리고 그는 영원히 숨을 멈췄다. 마지막을 지켜본 사람들 모두가 숭고한 감동에 사로잡혔다.

나중에 오하라 선생은 하야시 군의 임종을 지킨 간호사와 대화를 나누었다. 내가 "그 아이는 시설을 나온 뒤부터 고된 일상에 허덕이며 살아왔기에 평소 '아름답다'고 말할 기회가 없었을 거예요. 그러니 죽음을 앞두고 '아름답다'라고밖에 표현할 길이 없는 무언가를 본 것이 분명해요."라고 말하자 간호사는 고개를 끄덕이며 지금까지 수많은 사람들의 죽음을 봐왔는데, 그처럼 눈을 뜨고 무언가를 바라보면서 가슴 벅찬 표정으로 숨을 거둔 환자가 여럿 있었다고 말하고는 이렇게 덧붙였다.

"사람은 죽는 순간 위대한 분이 맞이하러 온다는데, 정말인가 봐요."

오하라 선생은 엄마 얼굴도 모르는 그가 '엄마 같은 분'의 마중을 받으며 빛의 세계로 떠났기를 기도했다.

소중한 사람을 떠나보낼 때마다 다시는 볼 수 없다는 절망보다 언젠가 다시 만나리라는 희망에 젖는 까닭은 먼저 떠난 그들이 '모국'에서 우리를 기다리고 있기 때문이 아닐까. 살아 있는 동안 진정한 모국을 갈망하던 두 사람, 그곳에서는 부디 따뜻하고 포근한 엄마 품처럼 행복하기를.

열셋,

열넷,
숨을 거둔 사람이 조용히
잠든 모습을 바라보고 있으면
내가 살아온 인생을
되돌아보게 됩니다

"어릴 적 사진을 훑어보면서 '당신은 어디에 있습니까?' 하고 물으면, 치매 걸린 늙은 여성들 중 열에 아홉은 자신이 처음으로 아이를 낳았을 때를 가리킵니다. 그러니까, 엄마가 되었을 때죠. 자라 온 환경이나 출신, 학력 등을 불문하고 대부분 그래요. 제 생각에, 여성에게 있어 인생의 커다란 원점은 아무래도 엄마가 된 순간이 아닐까 싶어요. 하지만 치매 노인이 남성인 경우는 어떤지 아세요? 그들에게 앨범을 보여주며 자신이 지금 어디에 있는지 알려달라고 하면 대개 아버지와 함께 있는 사진을 골라요. 남성에게 인생의 원점은 아버지인 걸까요?"

평소 친하게 지내던 병원장이 개업 1주년을 맞이해 조촐한 행사를 마련했다. 나는 친구 셋과 삿포로의 시내 전경이 한눈에 내려다보이는 언덕 위에 있는 병원을 방문했다. 한여름의 청량한 바람이 창문을 통해 스며들었고, 오랜만에 만난 우리는 못다 한 이야기꽃을 피우느라 여념이 없었다.

"사람은 자신이 죽고 싶은 모습으로 죽는 법인가 봐요."

화제가 꼬리에 꼬리를 물고 이어지다가 어느새 죽음에 대한 이야기가 나왔다. 그러자 병원장이 크게 한숨을 쉬었다. 내심 할 말이 많은 기색이었다.

"그러고 보니 내일은 제 아버지 제삿날이군요. 작년 오늘, 이곳에서 숨을 거두셨지요. 아버지도 도쿄에서 오랫동안 병원을 운영하셨어요. 남들은 도쿄에서 아버지 병원을 물려받지 않은 걸 의아하게 생각하기도 하는데, 삿포로에 굳이 병원을 세운 건 장남으로서 아버지와 겨루고 싶었던 마음이 있었기 때문입니다. 살아 계실 땐 그저 뛰어넘고 싶은 존재였는데, 떠나보낸 뒤에 참으로 몰랐던 부분들이 보이기 시작하더군요."

그는 대학을 졸업하고 오랜 기간 미국에서 노인 전문 치료 시설을 연구했고, 삿포로에 돌아와 그동안 공부했던 결실을 맺었다. 그는 병원을 차리면서 나이 든 환자들이 자기 집처럼 편히 생활할 수 있도록 세세한 부분까지 꼼꼼

열넷,

히 신경 썼다. 일례로, 아침 일찍 눈을 뜨는 노인들의 생체리듬을 배려해 병동을 동향으로 설계하기도 했다.

"노인들의 치매를 치료할 때, 본인의 앨범을 가지고 오라고 부탁하는 경우가 있습니다. 어릴 적 사진을 훑어보면서 '당신은 어디에 있습니까?' 하고 물으면, 치매 걸린 늙은 여성들 중 열에 아홉은 자신이 처음으로 아이를 낳았을 때를 가리킵니다. 그러니까, 엄마가 되었을 때죠. 자라 온 환경이나 출신, 학력 등을 불문하고 대부분 그래요. 제 생각에, 여성에게 있어 인생의 커다란 원점은 아무래도 엄마가 된 순간이 아닐까 싶어요. 다른 사진을 보면서 주위 사람들에 대한 질문을 해도 굳게 입을 다물고 있는데, 엄마가 되었을 때의 사진을 보면 이 사람은 누구고 저 사람은 누구고, 세세하리만치 정확하게 기억을 해내거든요. 하지만 치매 노인이 남성인 경우는 어떤지 아세요? 그들에게 앨범을 보여주며 자신이 지금 어디에 있는지 알려달라고 하면 대개 아버지와 함께 있는 사진을 골라요. 남성에게 인생의 원점은 아버지인 걸까요?

저에게 아버지란, 극복해야 하는 거대한 산과 같은 존재였어요. 소위 성공한 부모를 둔 자식들은 주변의 지나친 관심과 기대로 정신적 부담을 많이 느끼기 마련이죠. 저도 마찬가지였고요. 작년 여름, 아버지의 건강 상태가 심각해졌고 전 무리하게 아버지를 삿포로에 모셔 왔지요. 솔직히 마음 한구석에서 아버지는 과연 어떤 식으로 마지막 순간을 맞이할지 알고 싶은 마음이 있었어요. 아버지가 돌아가시기 직전, 그러니까 작년 오늘이군요. 아버지의 절친한 목사님 한 분이 와주셨습니다. 아버지는 청년 시절부터 우치무라 간조(村鑑三, 성서중심의 무교회주의를 주창한 기독교 사상가)의 영향을 받아 평생을 독실한 개신교 신자로 살아오신 분이지요.

　의식불명 상태인 아버지 곁에서 목사님은 커다란 목소리로 기도를 올렸습니다. 가족은 비통한 심정으로 가만히 그 기도를 듣고 있었지요. 그런데 잠시 뒤, 아버지가 눈을 번쩍 뜨고는 평소와 다름없이 무덤덤한 표정으로 저를 똑바로 바라보는 겁니다. 그리고 임종이 임박한 병자라고는 도저히 생각할 수 없는 힘찬 목소리로 이렇게 말하는 게 아니겠어요? '듣자 하니, 죽어가는 사람을 위해 기도하고 있는 것 같은데 혹시 나한테 하는 건가?' 소스라치게 놀란 저는 엉겁결에 고개를 끄덕였습니다. 아버지는 크고 맑은 눈동자로 제 얼굴을 잠시 바라보는가 싶더니 혼잣말처럼 중얼거리시더군요. '그렇군. 죽는다는 건 이런 거군.' 잠시 후, 아버지는 조용히 숨을 거두었습니다.

　아버지는 지금껏 무수히 많은 환자들을 돌보고 숱한 죽음을 지켜봐 왔어요. 하지만 그 순간, 아버지는 처음으로 죽음과 마주했고, 죽음을 있는 그대로 받아들이겠다는 다짐을 했으리라 생각합니다. 전쟁터에서 당당하게 최후를 맞이하는 장군처럼 말이지요. 하루하루 일상 속에서, 신의 뜻을 따르고자 노력해온 아버지는 생의 마지막에 신에게 향하는 여행길을 기꺼이 받아들인 겁니다. 실로 아버지다운 죽음이었어요. 이승을 떠나면서까지 저에게 남은 인생을 어떻게 매듭지어야 하는지에 대한 커다란 과제를 남기고 가셨거든요.

　여성이 자신의 몸을 나누어 생명을 부여한 순간을 삶의 원점으로 삼는다면, 남성은 자신에게 태초에 생명을 부여한 존재를 삶의 원점으로 여기는가 봅니다. 남성에게 아버지란 커다란 존재거든요. 저 역시 무의식중에 아버지의 등을 바라보며 살아왔고요."

　그가 말을 끝맺자 원장실은 이내 숙연해졌다. 나는 살짝 고개를 숙여 고인

열넷,

에 대한 조의를 표했다.

이윽고, 아이를 잃은 부모를 돕고 있는 친구가 말문을 열었다.

"믿기 힘들겠지만, 병들고 나약한 생명도 나름대로 사리 분별을 하면서 자신의 짧은 생을 완결시켜 나간답니다. 초등학교 2학년생 미쓰구 군의 경우가 그래요. 제게 얼마나 강렬한 인상을 남겼는지……. 그 아인 소아암 환자였어요. 어린 생명이 감내하기엔 너무도 가혹한 치료를 받았지만 좋아지기는커녕 더욱 나빠질 뿐이었죠. 불치병 선고를 받은 미쓰구 군의 부모는 끝내 치료를 포기했습니다. 좁디좁은 병실에서 가망 없는 치료를 반복하며 남은 시간을 보내느니, 집에서 가족들과 행복한 추억을 만들겠다고요. 의사도 이해해 주었지요.

아이가 집에 돌아온 뒤로, 온 집안이 그를 중심으로 돌아가기 시작했습니다. 학교 친구들은 방과 후에 놀러 와서 그날 학교에서 있었던 일을 얘기해 주며 그를 즐겁게 해주었지요. 미쓰구 군은 점차 아이다운 천진난만한 미소를 되찾아갔어요. 밤이 되면, 가족들은 그를 가운데 놓고 한방에서 잠을 청했지요.

2주가량 지났을 무렵, 한밤중에 부모가 인기척에 눈을 떠보니, 미쓰구 군이 가족 몰래 일어나더래요. 부모는 모른 척했답니다. 그는 먼저 작은형 곁으로 갔어요. 그리고 곤히 자는 형의 머리에 살짝 두 손을 갖다 대고 그대로 가만히 있었지요. 잠시 후에는 여동생 쪽으로 자리를 옮겼어요. 이번에는 여동생의 오른손을 자기 손에 감싸고 천천히 누이의 손을 쓰다듬기 시작했고요. 그런 다음 엄마 겨드랑이 사이에 앉았어요. 살짝 엄마의 가슴에 손을 올리고 희미한 목소리로 '엄마' 하고 불렀어요. 감정이 북받친 엄마는 눈물이 나오는 걸 간신히 참았지요. 마지막으로 아이는 아빠 쪽으로 갔어요. 그는 아빠와 나란히 누워 아빠 볼에 자신의 볼을 갖다 대고 비비다가 까칠한 수염 때문에 무심코 '앗, 따가워!' 하고 중얼거렸어요. 그때 부모의 심정이 어땠을지……. 가슴이 터져버릴 것 같았지만 아이가 잠에 빠져 쌔근거리는 숨소리가 들려올 때까지 꼼짝도 하지 않았답니다.

그날 아침 8시에 미쓰구 군은 하늘나라로 떠났어요. 자신의 죽음을 예감했던 걸까요? 먼 길을 떠나기 전에 가족들에게 작별 인사를 한 걸 보면 말이지요. 부모는 집에서 보낸 2주 동안이 너무도 소중했다고 말해요. 덕분에 아들을 평온하게 떠나보낼 수 있었다고요."

살짝 열린 창문 사이로 언덕을 가르는 여름 바람이 부드럽게 새어들었다.

문득 책장에 꽂힌 타고르(Tagore, 1913년 노벨문학상을 수상한 인도 시인)의 시집이 눈에 띄었다. 나는 가만히 일어서서 시집을 펼치고 한 시를 낮게 낭독했다. 고요한 정적 속에 모두들 내 목소리에 귀를 기울였다.

마지막

이제는 떠날 때가 되었습니다.
어머니, 저는 갑니다.
외로운 새벽 어슴푸레한 어둠 속에서
어머니가 양손을 벌려
침대에 있는 아기를 찾으실 때 저는 이렇게 말하겠지요.

열넷,

"아기는 거기 없어요.

어머니, 저는 갑니다."

저는 묘한 한 줄기 바람이 되어

어머니를 부드럽게 안아드릴 겁니다.

어머니가 목욕을 하실 때

저는 물속의 잔물결이 되어 어머니에게 입을 맞추고 또 맞출 겁니다.

비바람이 나뭇잎을 두드리는 밤이면

어머니는 침대에서 제가 속삭이는 소리를 들으실 겁니다.

그러면 내 웃음이 어머니 방의 열린 창을 통해 번갯불처럼 비쳐갈 겁니다.

혹여, 어머니가 잠 못 들고 누워 밤늦도록 어머니의 아기를 생각하고 계신다면

저는 저 별에서 어머니께 이렇게 노래할 겁니다.

"주무세요. 어머니, 주무세요."

헤매는 달빛을 타고 저는 어머니의 잠자리에 몰래 기어들어

어머니가 주무시는 동안 어머니 가슴에 누울 겁니다.

저는 꿈이 되겠지요. 그리하여 어머니의 눈꺼풀 속 작은 틈을 타

어머니 잠의 밑바닥으로 기어 들어가겠지요.

그리하여 어머니가 놀라서 깨어 두리번거리시면

반짝이는 반딧불처럼 저는 어둠 속으로 날아가겠지요.

성대한 푸자(힌두교 의식)의 기일에 이웃 어린애들이 와서 집 근처에서 놀면

저는 피리의 가락으로 변하여 온종일 어머니 가슴을 뛰게 해드릴 겁니다.
그리운 아주머니께서도 푸자 선물을 가지고 와서 물으시겠지요.
"언니, 우리 아기는 어디 갔지요?"
어머니는 부드럽게 이렇게 대답하실 겁니다.
"아기는 내 눈동자 속에 있어요. 아기는 내 몸 속에, 내 영혼 속에 있답니다."라고.

타고르 시집이 그 장소에 있었던 것은 그저 우연이라고밖엔 설명할 길이 없다. 우리는 '마지막' 이라는 시가 절묘하게도 미쓰구 군이 우리에게 이야기를 건네는 것처럼 들렸다.

다음은 또 다른 의사가 이야기를 꺼냈다.
"휠체어를 타는 마흔여덟 살 남성이 검사와 재활을 위해 일주일 예정으로 입원했습니다. 열여덟 살 때 교통사고로 척수를 다쳐 하반신 마비가 온 환자였지요. 입원 당일, 그는 씩 웃으며 이렇게 말하더군요. '선생님, 전 죽기 전에 꼭 한 번 제 다리로 걸을 겁니다.' 라고요. 저도 미소를 지으며 답했죠. '네, 저도 기도하겠습니다.'
그때는 20년, 30년쯤 뒤에 새로운 치료법이 나와서 그도 어쩌면 자유롭게 걸을 수 있을지 모른다고 생각했어요.
이삼 일 뒤, 재활이 끝난 오후에 나는 환자들이 보행 훈련을 하는 넓은 방한쪽에서 환자들과 잡담을 하고 있었습니다. 그때 지난번 그 휠체어 남성이 내 쪽을 보고 갑자기 큰 소리로 외치는 겁니다. '선생님, 보세요! 저 이제 걷습니다!'

열넷,

그는 휠체어에서 일어나 마치 평행봉 위를 걷는 것처럼 양손을 옆으로 벌려 균형을 잡고 한 발짝씩 걸음을 떼기 시작했습니다. 나를 비롯해 그곳에 있던 사람들 모두 눈이 휘둥그레져서 할 말을 잃었지요. 여섯 발짝 정도 걸은 순간 그의 몸이 휘청거렸고, 내가 달려가기 전에 그는 바닥으로 고꾸라졌습니다. 심근경색이었어요. 뒤늦게 손을 써보았지만 헛수고였죠. 아직까지도 의문인 건 그는 심근경색의 그 어떠한 증상도 보이지 않았다는 겁니다. 하지만 자신이 곧 죽는다는 걸 알고 있었나 봅니다. 결국 예언대로 죽기 전에 걸은 걸 보면요. 죽음의 문턱에서 발휘된 초인적인 힘이었는지 아직도 수수께끼입니다만, 그는 나에게 인간에게는 세상의 통념으로는 상상하지 못할 가능성이 잠재되어 있다는 것을 알려주었습니다."

이 이야기를 듣자, 나는 도쿄의 한 병원에서 만난 야노 씨가 떠올랐다. 지인이 입원해 문병 차 병원에 들렀을 때의 일이다. 지인은 나에게 야노라는 사람이 지금 이곳에 입원해 있는데 꼭 한번 가보라고 부탁했다.

1인실 병실에서 기계 소리에 맞춰 호흡하고 있는 그의 표정은 차분하기 그지없었다. 베개맡에는 그의 이름과 73이라는 나이가 적혀 있었다. 때마침 가족들은 모두 부재중이었고, 곁에 있던 간호사가 나에게 들어오라고 눈짓했다.

지인의 이야기에 따르면, 야노 씨는 암수술을 받았다는데 경과가 좋았다. 그런데 퇴원을 며칠 앞둔 어느 날 밤, 침대 위에서 저녁을 먹던 그는 부지불식간에 뒤로 넘어갔고 그대로 식물인간이 되어버리고 말았다. 그 상태로 시간만 속절없이 흘러갔고, 부인과 딸은 야노 씨를 집에 데려가고자 병원 측에

요청했다. 병원에서는 기계를 떼어낸다는 것은 곧 죽음을 뜻하므로 절대로 안 된다고 못 박았다. 하지만 가족은 단 하루만이라도 좋으니 집에 데리고 가겠다며 팽팽히 맞섰다.

나를 바라보는 야노 씨의 어린아이 같은 투명한 눈동자를 보고 있자니, 마치 오래전부터 그를 알고 있던 것만 같았다. 나는 그의 뺨에 손을 대고 주님께서 얼마나 당신을 사랑하고 계신지, 과거의 일은 일체 용서해주실 것이라고 마음속으로 얘기했다. 티 없이 맑고 순진무구한 그의 눈빛은 상대의 마음을 붙잡아두는 신비한 마력을 지닌 듯했다.

그러다 나는 야노 씨의 턱이 움직이는 것을 눈치챘다.

"야노 씨, 야노 씨."

내가 이름을 부르자 마치 대답하듯 턱을 움직였다.

그러는 동안, 사십 줄에 들어선 딸이 돌아왔다. 그녀는 내가 올 것을 알고 있었는지 크게 반겨주었다.

"가끔씩 아버님 의식이 돌아올지도 모릅니다."

나는 이렇게 당부하고 병실을 나섰다.

내 말이 알려지자, 의사는 야노 씨가 어렴풋하게나마 <u>스스로</u> 호흡을 할 수 있음을 알게 되었고 점점 기계를 떼어내는 데 성공했다. 그로부터 3주 뒤, 야노 씨는 집으로 돌아갔다. 그날부터 양 눈을 뜬 채로 침대에 누워서 하루하루를 보내게 되었다.

그의 곁에 제일 먼저 달려간 사람은 그의 큰형이었다. 둘은 과거에 크게 싸움을 한 뒤 오랫동안 인연을 끊은 상태였다. 하지만 천진난만한 아이처럼 두 눈을 크게 뜨고 가만히 누워 있는 야노 씨를 본 형은 미움이 눈 녹듯 사라

열넷,

져 버렸다. 그는 야노 씨의 두 손을 잡고 자신이 얼마나 화해하고 싶었는지, 얼마나 동생을 그리워하고 있었는지를 고백하며 하염없이 눈물을 흘렸다. 곁에서 그 광경을 지켜보던 모녀도 눈물범벅이었다.

다음 날, 큰형의 가족과 다른 형제들, 그들의 가족이 모두 모여 그동안 못다 한 정을 나누며 야노 씨의 쾌차를 빌었다.

그로부터 하루도 빠짐없이 야노 씨의 친구들이 문병을 왔다. 모두가 약속이라도 한 듯 그의 곁에서 가만히 시간을 보내다가 조용히 물러갔다. 어느 날은 근처에 산다는 의사가 찾아와서 앞으로 정기적으로 야노 씨를 찾아와 진찰해 주겠노라고 약속했고, 어느 간호사는 집이 가까우니 종종 들러서 그의 상태를 지켜보겠다고 제의했다. 야노 씨는 그렇게 집에서 한 달을 보냈고, 끝내 의식을 회복하지 못한 채 눈을 감았다. 그동안 일가친척 및 친구들, 회사 동료들까지 무려 432명이 문병을 왔다. 건강했을 때 그는 종종 말년에는 평화로운 세상을 위해 일하겠다고 말하곤 했다.

장례식장에서 그를 병문안했던 조문객들은 이구동성으로 비슷한 말을 했다.

"그가 조용히 잠든 모습을 바라보고 있으면, 내가 살아온 인생을 되돌아보게 된다."

"그의 곁에 있으면 마치 명상하듯 마음이 차분해진다."

"그를 보고 돌아오면, 타인에게 친절해진다."

"그는 정말 불가사의한 힘을 가진 사람이었다. 그를 만나고 오면 내 자신과 타인에게 관대해진다." 등등.

장례식을 무사히 마친 뒤, 부인은 더없이 밝은 표정으로 말을 건넸다.

"남편은 식물인간이 된 뒤부터 숨을 거두기까지 그 어느 때보다 평화를 위해 일조한 듯해요. 한 달 동안, 신의 은총과 사람의 온기를 느끼며 참으로 행복한 시간을 보냈습니다. 남편을 문병하러 온 사람들에게서 곧 죽을 병자를 대하는 불안이나 걱정은 전혀 찾아볼 수 없었어요. 한없이 평화로운 모습이었지요. 남편은 평화를 위해 여생을 보내고 싶어 했는데 그 뜻을 이룬 셈이에요. 저도 이제 마음이 편해요."

나는 문득 다카무라 고타로(高村光太郎, 일본의 근대시인 및 조각가)의 시가 떠올랐다. 아마도 내가 얼마 전 후쿠시마 니혼마쓰에 세워진 치에코 기념관을 방문했기 때문인지도 모른다. 기념관에는 치에코(智惠子, 다카무라 고타로의 부인이자 화가. 정신분열증에 걸려 젊은 나이에 사망했다)가 지향한 예술 세계가 키리에(切り絵, 일본 전통 종이인 화지를 여러 가지 모양으로 잘라 만든 그림)에 잘 표현되어 있었다. 고타로는 치에코가 6년이나 정신병으로 고통받고 있다며 절규했지만, 정작 그녀는 정신병원에서 종이를 자르며 작품을 만들고 있었던 것이다.

기념관 입구에 들어서기 전, 나는 잠시 숨을 골랐다. 상처 입은 영혼의 어둡고 비참한 내면을 마주할 생각을 하니 단단히 마음의 준비를 해야겠다고 여겼기 때문이다.

아쿠타가와 류노스케의 단편소설 중 〈늪지〉라는 작품이 있다. 천재적인 화가가 미쳐가면서도 붓을 놓지 않고 완성한 유작에 대한 이야기다. 소름 끼치도록 음침하고 절망적인 작가의 세계가 말 그대로 '늪지' 처럼 펼쳐져 있었다. 이 소설이 정신병을 앓는 화가의 작품은 어둡고 기괴하리라는 선입관을

열넷,

만들어준 것인지도 모른다.

하지만 안으로 들어간 순간, 내 예상은 보기 좋게 빗나갔다. 치에코가 그린 세계는 투명하고 평온한 5월의 바람처럼 청량함과 상쾌함 그 자체였다. 온갖 사회 통념과 상식에서 해방된 그녀의 따뜻하고 밝은 세계가 가득 펼쳐져 있었다. 광인이 되고서야 비로소 자신을 옭아매던 쇠사슬에서 자유로워진 치에코는 평생 지향하던 아름다움을 마음껏 표현해낸 것이었다.

다카무라 고타로는 치에코의 마지막을 이렇게 묘사했다.

레몬애가

그렇게도 당신은 레몬을 찾고 있었어.
쓸쓸하고도 하얗고 밝은 병상에서
내 손에서 넘겨받은 레몬 한 조각을
당신의 단정한 이로 꼭 깨물어
토파즈 빛으로 향기가 일고

그 몇 방울 안 되는 레몬즙에
당신은 의식을 되찾았지.

당신의 맑고 파란 눈이 희미하게 웃고
내 손을 쥔 당신의 손엔 힘이 넘쳤어.

당신의 목에서는 거친 바람이 불었어도
그처럼 위대한 생의 한가운데서
그대는 본래의 그대가 되어
일생의 사랑을 한순간에 부어넣었지.
그리고 한동안
그 옛날 산마루에 올랐던 때처럼 심호흡 한 번 하고
당신의 기관은 그대로 멈추었지.

사진 앞에 놓인 벚꽃 그늘에
차갑게 반짝이는 레몬 한 개를 오늘도 놓아야지.

 우리는 죽음을 앞둔 사람들이 남겨놓은 소중한 보물을 되새기며 마음이 풍요로워짐을 느꼈다. 더없이 충만한 여름날 오후였다.

열넷,

열다섯,
인간은 죽음에 의해 완성됩니다
살아 있는 동안에는
모두 미완성일 뿐

"모든 것들은 전우주의 기운을 받아 하나로 이어져 있어요. 제 곁에 있는 사람들, 사물들 전부 얼마나 사랑스러운지요!"
그녀의 마지막 유언이었다. 이 말을 떠올릴 적마다 새삼 다짐한다. 내 주변의 모든 것들에서 꽃처럼 아름다운 향기를 맡으며 살아가리라.
언젠가 저 세상에서 그녀를 다시 만나게 된다면 이렇게 말할 것이다.
"정말 만족스러운 삶이었습니다."

기하라 치사토의 장례식을 치른 지 2주가 지났지만 아직도 내 마음속엔 그녀의 모습이 생생하다. 그녀는 병상에 누워 자신이 겪은 임사 체험을 들려주었고, 나는 진정한 동지를 만났다는 기쁨에 사로잡혔다. 우리는 벅찬 감동을 나누며 형언할 수 없을 만큼 강한 일체감을 공유했다.

그리고 4시간 뒤, 그녀가 사망했다는 소식이 전해졌다. 가슴이 '쿵!' 내려앉고 정신이 멍해졌다. 불과 몇 시간 전까지도 정답게 이야기를 나누던 그녀가 이 세상에 없다니……. 이별의 슬픔을 느낄 겨를조차 없었다. 모두의 가슴에 강렬하고 깊은 울림을 남기고 그녀는 그렇게 세상을 떠났다.

관에 못을 박기 전, 그녀의 모친은 상복 소매에서 작은 상자를 꺼내 치사토의 가슴에 살포시 올려놓았다. 어른 손바닥에 쏙 들어가는 조그만 중국 골동품 상자는 나에게도 무척이나 친숙했다.

상자를 안고 있는 치사토의 모습을 보니 비로소 그녀의 삶이 제대로 완결되었다는 생각이 들었다. 그도 그럴 것이, 조그만 상자는 그녀 인생의 중요한 고비마다 함께했던 것이다. 모친은 비통한 표정으로 "치사토, 여기 네가 아끼던 보물 상자야……." 하고 울먹거렸지만 나는 무슨 연유에선지 '판도라의 상자'가 더 어울린다고 생각했다.

열다섯,

장례식이 끝나고 며칠이 지난 날, 연구실에 수업을 듣는 학생들이 찾아왔다. 치사토 씨와 같은 또래 여학생들로, 발표 주제에 대해 상의하고자 들렀다고 했다.

"저희는 다자이 오사무의 작품 〈판도라의 상자〉에 대해 발표하고 싶습니다."

그 말을 듣자마자 나는 소스라치게 놀랐다. 치사토의 상자와 '판도라의 상자'의 연결 고리가 그제야 수면 위로 떠올랐기 때문이다. 나는 곧바로 다자이 오사무의 〈판도라의 상자〉를 펼쳤다. 어둡고 우울한 세계관을 가진 작가가 쓴 것이라고는 믿기 힘들 만큼 밝고 유쾌한 작품이었다. 그러나 이후 작가는 다시금 절망적인 자기혐오와 파멸의 세계로 돌아가 버렸다고 하니 〈판도라의 상자〉는 다자이 오사무에게 있어 '인생과 화해'를 나눈 예외적인 작품인 셈이었다.

어쩐지 소설의 장면 장면마다 치사토가 오버랩 됐다. 그녀가 나에게 보내는 마지막 메시지가 아닐까 싶을 정도였다.

잠깐 작품에 대해 소개하자면, 결핵에 걸린 '종다리'라는 스무 살 청년이 절친한 친구에게 편지를 보내는 형식으로 이루어진 소설이다. '건강 도장'이라는 요양원에 입소하게 된 그는 그곳에서 만난 각양각색의 사람들과 새로운 삶을 시작한다. 병마와 싸우며 죽음을 가까이 느끼면서도, 공포보다 희망을 선택하고 마지막 순간까지 하루하루 힘차게 살아가겠노라고 마음먹는다.

하지만 이렇게 각오를 다지기까지 그는 절망의 나락에서 처절하게 자신의 존재를 부정하던 염세주의자였다. 각혈을 할 때마다 '내가 살아 있으면 다른 사람에게 폐가 된다. 나는 쓸모없는 놈이다.'라고 스스로를 학대하며 자포자기에 빠졌던 그는 1945년 8월 15일, 전쟁의 종결을 선언한 천왕의 육성이 일본 전역으로 울려 퍼지자, 극적인 심경의 변화를 겪는다.

> 어느 날, 어느 순간에 성령이 가슴으로 숨어 들어와 눈물이 뺨을 씻어 내렸고, 그렇게 혼자서 한참을 울었네. 그러는 동안 몸이 완전히 가벼워지고 머리가 시원해지고 투명해진 느낌이 들었지. 그때부터 나는 다른 사내가 되어버렸다네.

그는 이후 결핵을 자신에게 부여된 운명으로 받아들인다.

> 그날 이후 나는 왠지 새로 만들어진 커다란 배에라도 실려 있는 듯한 기분이었네. (중략) 지금 현재로서는 그저 새롭고 커다란 배의 마중에 응해서 하늘이 정한 항로를 순순히 따라가고 있는 상태지. (중략) 배의 출범은 그것이 어떤 성질의 출범이든 반드시 희미한 기대를 품게 하는 법. 그것은 먼 옛날부터 변하지 않은 인간성 중 하나라네.

희망을 갖게 된 그는 자기 파괴적인 행동에서 벗어나게 된다.

> 인간에게 절망이란 있을 수 없다. 인간은 종종 희망에 속지만 또한 절망에도 속는다. 솔직히 말하도록 하지. 인간은 불행의 구렁텅이에 빠져 나뒹굴면서도 어느 틈엔가 한 줄기 희망의 실을 더듬더듬 찾아서 쥐고 있는 법이야.

그는 죽음에 대해서 새로운 견해를 피력한다.

열다섯,

하지만 죽는 것도 사는 것도 같은 것이 아닐까? 어느 쪽이든 똑같이 괴로운 것이다. 억지로 죽음을 서두르는 사람들 중에는 체면만 중히 여기는 사람들이 많다. 이제껏 나의 괴로움도 자신의 겉모습을 꾸미려 한 데서 온 고통에 지나지 않았으니.

이어서 〈판도라의 상자〉라는 그리스 신화에 대해 얘기한다.

열어서는 안 되는 상자를 여는 바람에 병고, 비애, 질투, 탐욕, 시기, 음험, 기아, 증오 등 온갖 불길한 벌레들이 기어 나와 하늘을 덮으며 붕붕 날게 되었고, 그 이후부터 인간은 영원히 불행에 몸부림치게 되었지만, 그러나 그 상자의 구석에 아주 작고 빛나는 돌이 남아 있었고, 그 돌에 희미하게 '희망'이라는 글자가 적혀 있었다고 하는 이야기.

치사토의 상자는 그녀만의 '판도라의 상자'가 아니었을까.

그녀는 대형 병원을 물려받을 예정인 엄마와 처가에 데릴사위로 들어가 부원장을 맡고 있는 아빠 사이에서 이른바 '금수저를 물고 태어난' 귀하디귀한 외동딸이었다. 가족들의 사랑을 듬뿍 받으며 무엇 하나 부족함 없이 유복하게 자란 그녀는 부모, 친척은 물론이거니와 병원 관계자, 동네 사람들, 조금 과장해서 말하면 만나는 모든 사람들의 애정 어린 관심을 받았다. 애당초 그녀는 출신 배경 못지않게 뛰어난 미모와 음악, 미술, 스포츠 재능까지 겸비한 완벽한 여성이었다. 어딜 가든 선망의 대상이 되는 건 당연했다.

그런데 중학교 3학년 여름방학 때, 치사토는 그만 '판도라의 상자'를 열어버렸다. 나는 그녀를 상담실에서 처음 보았다. 오토바이로 고속도로를 겁 없이 질주하다 경찰에 붙잡힌 그녀는 상담을 받기 위해 나를 찾아왔던 것이다. 온몸에 가시를 잔뜩 세우고 굳은 표정으로 앉아 있는 치사토를 보면서 나는 그녀가 마음속에 깊은 상처를 입었음을 감지했다.

사람들은 그녀의 방황을 이해하지 못했다. '세상 물정 모르는 부유한 집안 딸내미가 철없이 어리광을 부린다'고 곱지 않은 시선을 보내는 경우가 허다했다. 하지만 나는 아무런 선입관 없이 그녀의 목소리에 귀 기울이고자 노력했고, 그녀는 편견 없이 다가오는 나에게 아주 조금씩 마음의 문을 열어주었다.

지독히 외로웠던 그녀는 오토바이만이 유일한 친구였다. 유복한 집안에서 태어나 상류층만 다닌다는 명문 중학교에 입학해 줄곧 우등생이었던 그녀가 무엇 때문에 이토록 큰 고독 속에서 방황해야 했는지 누구도 알지 못했다. 아니, 알려고도 하지 않았다는 게 더 정확한 표현일지도 모른다.

모든 조건을 갖춘 병원의 후계자로서, 수많은 사람들의 기대를 한 몸에 받으며 자라온 그녀는 자신에게 부여된 역할을 어릴 적부터 짐작하고 있었다. 하지만 한 사람의 인간으로 자신을 봐주는 사람은 아무도 없었다. 타고난 재능도 독이 되었다. 높은 성적과 뛰어난 성과로 사람들에게 신뢰받고 칭찬받는 정도가 커갈수록 그녀에게 거는 기대는 걷잡을 수 없이 부풀어 오를 뿐이었다.

하지만 철이 들기 시작하면서, 치사토는 자신이 한 인간으로서 진정으로 이해받은 적이 단 한 번도 없다는 사실을 깨달았다.

"오토바이를 타고 하염없이 달리면서 '나는 기하라 치사토다!'라고 큰 소리로 외치면 가슴이 조금은 후련해졌어요."

그렇게 말하면서 그녀는 재킷 주머니에서 작은 상자 하나를 꺼내 열고 곧

열다섯,

바로 닫은 다음 일어서서 돌아갔다. 이후로도 몇 번인가 우리는 대화를 나누었고, 그녀는 자신에 대한 이야기를 할 적마다 마치 작은 의식처럼 상자를 꺼내 들었다.

진정한 자신은 누구인지 해답을 찾아 헤맸지만 겉으로는 평소와 다름없는 모범생으로 지냈다. 오토바이를 타기 시작하면서 부모의 걱정을 사기도 했지만 큰 사고를 저지르는 일은 없었다.

그렇게 무사히 중학교를 졸업했고, 가족을 비롯한 친척, 선생님 등 주위 어른들은 치사토가 자기들이 바라던 모습에서 조금이라도 벗어날까 두려워했다. 그들은 똘똘 뭉쳐 그녀를 '완벽한 조건을 갖춘 병원 후계자'로 만드는 데 혈안이 되었다. 그녀의 마음을 헤아려보려 하지도 않고 오로지 풍족한 환경과 복 받은 재능을 강조하며 주어진 역할을 훌륭히 수행하도록 철저히 압박할 뿐이었다.

의지할 곳 하나 없이 궁지에 몰린 그녀는 마음의 문을 굳게 닫아버리고 말았다. 그녀는 거식증과 대인 기피증 증세를 보이기 시작했다. 집에 누군가 있으면 자기 방에서 한 발짝도 나오지 않았고, 억지로 나오게 하려고 하면 가차 없이 폭력을 휘둘렀다. 말하자면, '열어서는 안 되는 상자를 여는 바람에 비애, 질투, 탐욕, 시기, 음험, 기아, 증오 등 온갖 불길한 벌레들이 기어나와 하늘을 덮으며 붕붕 날게 된 것이다'.

불길한 벌레들은 3년간 기하라 집안을 뒤덮었다. 가족들은 마음에 돌덩어리 같은 짐을 짊어져야 했지만, 심신이 피폐해질 대로 피폐해진 치사토의 고통에는 비할 바가 아니었다.

부모는 '이러다간 우리가 치사토에게 죽든지, 치사토를 죽이고 우리도 죽어버리든지 둘 중에 하나다!' 라는 극한 상황에 몰리게 되었다. 벼랑 끝에 내몰리면 사람은 이성을 상실하거나, 모든 것을 내려놓고 사고의 전환을 하는 법이다.

 기하라 집안이 풍비박산 나고서야, 기적처럼 '판도라의 상자' 한쪽 귀퉁이에 있던 조그만 돌에 새겨진 '희망' 이라는 글자가 어렴풋이 빛을 발하기 시작했다. 부모는 지금까지 딸에게 갖고 있던 세속적 기대를 모조리 접어버리기로 마음먹었다. 그저 치사토가 인간으로서 행복해질 수만 있다면 그걸로 충분했다.

 그동안 치사토는 꾸준히 나를 찾아왔다. 나는 그녀의 고통이 기하라 집안뿐만 아니라 세상을 정화시키는 촉매제가 되었다고 생각했다. 거창하게 말하자면, 치사토의 존재는 우리가 세상을 살면서 잊고 있었던 인간다움, 즉 인간의 존엄성을 되돌아보게 한 것이다.

 부모가 변하자 그녀도 변했다. 얼마 뒤 그녀는 스스로 찾아낸 변두리 봉제공장에서 일하기 시작했다. 언젠가 공장 근처 찻집에서 치사토를 만난 적이 있는데, 허름한 공장 작업복을 걸치고 화장기 없는 수수한 모습이었지만 청순함과 우아한 분위기는 여전했다.

 "수작업이라 정신을 집중할 수 있어서 좋아요."

 상쾌한 미소를 지으며 그녀는 작은 상자를 오른손에 꼭 쥐었다.

 다음에 만난 자리에서 치사토는 허리를 곧게 세우고 작은 상자를 엄숙하게 탁자 위에 올려두었다. 무언가 굳은 결심을 한 모양이었다.

 "저는 검정고시를 쳐서 의대에 들어가려고 해요. 그래서 할아버지의 병원을 물려받겠어요. 몸이 아픈 사람은 마음도 아파요. 저는 고통받는 자들이

열다섯,

인간적으로 위안을 얻을 수 있는 병원, 타인의 고통을 어루만질 수 있는 사람들이 일하는 병원을 만들겠어요. 환자 가족이 머무는 방을 만들거나, 환자의 불안한 마음을 보듬어주는 정신과 의사들과 자원봉사자들을 채용할 거예요. 환자나 가족이 고민을 털어놓고 마음껏 울 수도 있는 고해성사 방 같은 공간도 만들고 싶고요. 저는 기하라 집안이 아픈 사람들을 이용해 자신들의 사리사욕 채우기에만 급급하다고 비난했었어요. 하지만 저도 이제 돈을 벌고 싶어요. 제 꿈을 실현할 병원을 만들려면 돈이 많이 필요하니까요."

장난기 가득한 웃음을 지으며 열여덟 살 소녀는 자신의 미래 계획을 즐겁게 이야기했다. 어둡고 힘들었던 고통의 세월이 그녀를 이만큼 성장시킨 것이리라.

나를 만난 다음 날, 치사토는 큰 길을 걷고 있었다. 그때 골목에서 느닷없이 차 한 대가 튀어나왔고, 자전거를 타던 소년은 깜짝 놀라 그만 차도로 뛰어들었다. 커다란 트럭이 굉음을 내며 소년을 향해 달려오고 있었다. 일촉즉발의 순간, 그녀는 본능적으로 차도로 뛰어들어 소년을 인도 쪽으로 힘껏 떠밀었다. 트럭은 무서운 속도로 치사토 옆을 스쳐 지나갔고, 그녀는 정신을 잃고 쓰러졌다. 만일 그녀가 조금이라도 늦게 움직였으면 소년은 십중팔구 트럭 밑에 깔려 즉사했으리라. 수많은 인파가 있었지만 민첩하게 달려든 사람은 치사토뿐이었다. 모두 놀란 표정으로 멍하니 서서 바라보고 있었다.

구급차 안에서 겨우 의식을 회복한 치사토는 가장 먼저 소년의 상태를 물었다. 가벼운 상처도 입지 않고 무사하다는 얘기에 그녀는 겨우 안도의 한숨을 내쉬었다.

치사토의 상태도 크게 걱정할 정도는 아니었지만, 큰일을 당한지라 우선 입원해서 안정을 취했고, 다음 날 기하라 집안의 병원에서 정밀검사를 받았다.

사고 소식을 듣자마자 부리나케 병원에 가보니 그녀는 1인용 병실에 조용히 누워 있었다. 나는 잠자코 머리맡에 있는 의자에 앉았다.

"크게 다친 것도 아닌데 너무나 많은 분들이 걱정해 주셔서 몸 둘 바를 모르겠어요."

그녀의 청아한 목소리가 부드럽게 울려 퍼졌다.

"어떻게 말해야 좋을까요. 전 정말 신기한 체험을 했어요. 아니, 신기한 게 아니고…… 당연하달까요."

"평소와 다른 무언가를 느꼈군요."

"네. 하지만 지금까지가 평소와 다르고, 체험한 뒤가 평소와 비슷하다는 느낌이에요."

"어떤 변화가 일어났나요?"

"아니요, 제가 달라진 게 아니라, 이제야 비로소 진정한 자신을 찾은 느낌이랄까요?"

"진정한 자신……."

"그래요, 온 세계가 '진짜'가 되었어요."

강한 확신에 찬 말투였다.

"신기한 체험을 한 뒤부터 그렇게 느꼈나요?"

"네."

그녀의 표정에는 여유로움마저 감돌았다.

"그 일은 제가 도로에 쓰러져 있을 때, 단 몇 초 사이에 일어났어요. 지

열다섯,

금까지 살아왔던 18년 세월이 주마등처럼 차례대로 눈앞에 스쳐 지나갔어요. 태어난 순간부터 지금까지 인생 전부가요. 어느 장소 안에 제가 있고 여러 일을 하고 있었어요. 하지만 그것만이 아니었어요. 멀찍이 떨어져서 그 모든 장면들을 바라보고 있는 또 다른 제가 있는 거예요."

"당신이 살아온 인생을 반복 체험했군요. 동시에 그걸 바라보는 당신이 있었고요."

"맞아요. 과거에 한 일을 반복하면서 그때 느꼈던 기분을 다시 느꼈어요. 예를 들어 처음으로 가족에게 폭력을 휘둘렀을 때 일이에요. 저는 엄마에게 의자를 집어던지면서 끔찍한 폭언을 퍼부었지만 속으론 두려움과 개운함이 교차했었어요. 그때의 심정을 다시 한 번 느꼈어요. 그 장면을 관찰하는 또 다른 나는 '그때 난 스트레스가 참 많았구나. 아무도 날 이해해주지 않는다는 절망이 분노로 변해 폭발한 거구나.' 하고 상황을 객관적으로 바라보며 스스로의 행동을 이해했어요. 더군다나 공포에 질린 엄마의 얼굴을 바라보면서 엄마의 마음도 고스란히 저에게 전해졌어요. 주위 사람들에게 버림받았다는 슬픔에 엄마는 자살 충동마저 느꼈다는 것을요. 그렇게 필름을 돌리듯 제 인생을 전부 돌이켜 보았고, 이후엔 마음이 후련해지고 기분이 참 좋았어요. 무언가 밝고 포근한 빛에 둘러싸인 느낌이 들었지요."

"현실의 체험은 매우 괴로웠음에도 반복 체험을 할 때는 따뜻한 느낌이었군요."

"맞아요. 제 인생에 등장하는 사람들의 심정을 처음으로 제대로 이해했고, 제 본심도 모조리 알게 되었어요. 그 과정이 참 즐거웠어요."

치사토는 눈을 반짝이며 앞으로 몸을 내밀었다.

"자신의 삶을 처음부터 끝까지 반추한 뒤, 제가 이렇게 말하더군요. '난 아직 스무 살도 되지 않았지만, 지금 죽는다 해도 만족해. 내 인생은 만족스러워.'라고."

"네? 만족이라고요?"

나는 빙그레 미소를 지었다. 얼마 전까지만 해도 상처와 슬픔으로 얼룩진 삶을 살아온 그녀가 자신의 인생이 만족스럽다며 천진난만하게 웃으며 단언하다니. 이후 나는 〈판도라의 상자〉를 읽다가 어느 대목에 한참이나 눈길이 머물렀다. 그 당시 내가 느꼈던 기분을 자세하게 묘사하고 있었다.

마아보가 "손님이에요."라고 말하며 자네를 방으로 안내해 들어왔을 때 내 가슴은 내출혈을 일으킬 정도로 덜컥했지. 자네는 이해할 수 있겠나? 오랜만에 자네 얼굴을 본 기쁨도 컸지만, 그보다는 자네와 마아보가 마치 오랜 친구 사이처럼 생글생글 웃으며 나란히 걸어 들어오는 것을 보고 가슴이 덜컥했던 거야. 옛날이야기 같다는 느낌이 들었다네. 이와 같은 기분을 나는 작년 봄에도 한 번 맛보았었지.

작년 봄, 중학교를 졸업함과 동시에 폐렴을 앓아 고열에 시달린 탓에 비몽사몽간을 헤매다 문득 병상의 머리맡을 보니 중학교의 주임인 기무라 선생님과 어머니가 웃으며 무슨 이야기를 나누고 있더군. 그때도 나는 간이 떨어지는 줄 알았어. 학교와 가정이라는 전혀 다른 먼 세계에 갈라져 살고 있는 두 사람이 내 머리맡에서 서로 오랜 친구처럼 대화를 나누고 있는 것이 참으로 신기해서, 도와다코(아오모리 현과 아키타 현 사이에 있는 호수)에서 후지산을 발견한 것처럼 아주 혼란스러운 옛날이야기 같은 행복감에 가슴이 뛰었다네.

열다섯.

치사토도 나를 따라 픽 하고 웃었다.

"우습죠? 평소라면 '스무 살도 안 됐는데 벌써 죽다니……' 하고 한탄했을 텐데 말이에요. 하지만 그때 전 신의 사랑을 느낄 수 있는 따듯하고 위대한 빛에 둘러싸여 있었어요. 기쁨으로 가슴이 터질 것 같았지요."

호수처럼 맑고 투명한 그녀의 눈동자를 바라보며 내 마음은 한결 차분해졌다.

오랜 침묵 후, 그녀는 단어를 신중히 고르며 입을 뗐다.

"제 안에 무언가 근본적인 변화가 일어났어요. 전 지금 대우주와 일체감을 느껴요. 모두가 연결되어 있어요."

그리고 늘 그렇듯 베개 밑에서 작은 상자를 꺼내 천천히 열었다 닫았다.

"상자의 뚜껑과 본체가 어긋나 있었는데 어느 순간 쏙 하고 맞아떨어져 이제야 제짝을 찾은 느낌이에요. 영원히 완벽하고 조화로운 상태라고나 할까……."

내 가슴 밑바닥에서 무한한 기쁨이 파도처럼 물결쳤다. 일찍이 수도원 사고로 체험했던 깨달음과 환희를 그녀도 고스란히 느낀 것이다. 우리는 벅찬 감동과 환희를 느끼며 우주와 하나 된 일체감을 오랫동안 음미했다.

병원을 나오니 저녁노을의 불그스름한 기운이 하늘에 펼쳐져 있었다. 나는 보이는 모든 것들에 애정 어린 시선을 보냈다. 그렇다. 그녀 말대로 우리는 모두 연결되어 있었다.

내가 병실을 떠나고 치사토는 간호사 앞에서 "맛있다!"는 탄성을 연발하며 저녁밥을 깨끗이 비웠다. 그리고 모친이 병실에 들어섰을 때, 그녀는 이미 의식불명 상태에 빠진 뒤였다. 그날 밤, 치사토는 그렇게 돌아올 수 없는 강을 건넜다. 사인은 뇌출혈.

〈판도라의 상자〉 중 건강 도장에 있는 사람들이 숨을 거둔 환자의 운구 행렬을 지켜보는 장면이 나온다. 도장 밖으로 침묵의 퇴장을 하는 젊은 여성의 관은 새하얀 천에 싸여 가을 햇살을 받으며 소나무숲 언덕길을 천천히 내려간다. 어머니로 보이는 여성이 연신 손수건으로 눈물을 훔치는 모습이 보인다.

2층 발코니에서 그 장면을 지켜보는 좋다리는 이렇게 적는다.

좋은 것이라 생각했다. 인간은 죽음에 의해 완성되지. 살아 있는 동안에는 모두 미완성일 뿐. 벌레나 새들은 살아 움직이는 동안에는 완벽하지만 죽고 나면 그저 사체에 불과해. 완성도 미완성도 없이 그저 무로 돌아가지. 그에 비해 인간은 완전히 반대가 아닌가. 인간은 죽고 나서야 가장 인간다워진다는 패러독스도 성립될 듯하네. 그녀는 병과 싸우다 죽었고, 아름답고 결백한 천에 둘러싸여 소나무 사이로 숨었다 나타났다 하며 언덕길을 내려가고 있는 지금, 자신의 젊은 영혼을 가장 엄숙하게 가장 명확하게 가장 웅변적으로 주장하고 있어. 우리는 결코 그녀를 잊지 못할 거야. 나는 반짝이는 하얀 천을 향해 진심을 담아 합장했다네.

소설 속에는 젊은 여성의 이름이 들어 있지만 나는 '그녀'라고 바꾸어 인용했다. 이 부분을 읽을 때마다 나는 '그녀'가 기하라 치사토인 것만 같았다.

문득, 나는 치사토가 그토록 소중히 여기던 작은 상자에 대해 단 한 번도 물어본 적이 없다는 사실을 깨달았다. 하지만 위의 문장에 이어지는 부분을 읽었을 때, 나는 대답을 들은 것 같은 기분에 사로잡혔다. 그것은 살아 있는

열다섯,

모든 이들에게 보내는 메시지였던 것이다.

종다리는 죽음을 좋은 것이라 했지만, 그렇다고 인간의 목숨을 하찮게 여긴 건 아니다. 그는 '죽음의 찬미자'가 아니라 생사의 고비에서 아슬아슬하게 줄타기를 하고 있는 자의 심경을 털어놓는다.

우리는 결핵 환자다. 오늘 밤에라도 당장 각혈을 하다 그녀처럼 죽을지도 모른다. 우리의 웃음은 판도라의 상자 한쪽 구석에 나뒹굴고 있던 조그만 돌멩이에서 나오는 것이지. 죽음과 이웃하며 살고 있는 사람들에게는 생사의 문제보다도 한 송이 꽃의 미소가 마음에 더 스민다네. 말하자면 우리는 지금 희미한 꽃향기에 매료되어 뭔지도 모르는 커다란 배를 타고 하늘이 정한 항로의 물결에 몸을 맡긴 채 나아가고 있는 것일세. (중략) 죽느냐 사느냐, 그건 더 이상 인간의 행복과 불행을 결정짓는 열쇠가 아니라는 생각조차 들기 시작했다네. 죽은 자는 완성되고, 산 자는 출항한 배의 갑판에 서서 그것을 향해 합장을 한다네. 배는 스르르 해안에서 멀어지지.
'죽음은 좋은 것이다.'
참으로 숙련된 항해자의 여유와 비슷하지 않은가?

'판도라의 상자'의 구석 한쪽에 있는 조그만 돌에서 반짝이는 빛은 바로 '희망'이다. 영원히 꺼지지 않는 것에 대한 희망. 치사토는 생의 마지막 순간에 확신에 찬 모습으로 희망에 가득 차 있었다.
"저는 위대한 존재에 스스로를 위임했습니다. 일상의 소소한 것들…… 당연하게 여겨지던 것들이 이제는 너무도 소중하게 느껴집니다. 살아 있다는 사실이 얼마나 기쁘고 감사한지 모릅니다. 모든 것들은 전우주의 기운을 받아 하나로 이어져 있어요. 제 곁에 있는 사람들, 사물들 전부 얼마나 사랑스러운지요!"

열여덟 살 그녀가 남기고 간 말은 앞으로 살아갈 우리에게 전해준 '희망'이었다. 그녀는 트럭에 치여 즉사할 수도 있었다. 하지만 죽기 전, 하루의 시간이 주어졌다. 신이 그녀를 데려가기 전에 이러한 메시지를 세상에 전하라는 사명을 부여한 것인지도 모른다.

〈판도라의 상자〉를 다시 한 번 정독하고 나서, 나는 다자이 오사무가 치사토를 위해 마무리 부분을 쓴 게 아닐까 싶은 생각마저 들었다. 건강 도장에서 강연회가 열리고, 모두 존경해 마지않는 가쇼 선생이 '헌신'에 대한 이야기를 한다. 종다리는 "이야기 내용도 아주 좋고 조금도 진부하지 않다"며 감탄한다. 잠시 그 부분을 인용해 보겠다.

헌신이란 그저 무턱대고 절망적인 감상으로 자신의 몸을 희생하는 것이 결코 아니다. 커다란 착각이다. 헌신이란 자신의 몸을 가장 화려하게, 영원히 살게 하는 것이다. 인간은 이 순수한 헌신에 의해서만 불멸할 수 있는 것이다. 그러나 헌신에는 아무런 준비도 필요치 않다. 오늘, 바로 지금, 이 모습 그대로 모든 것을 바쳐야 한다. 쟁기를 잡은 자는 쟁기를 잡은 모습 그대로 헌신을 해야 한다. 자신의 모습을 꾸며서는 안 된다. 헌신에 유예는 용납되지 않는다. 인간의 한순간, 한순간이 전부 헌신이어야만 한다. 어떻게 해야 멋지게 헌신할 수 있을까를 생각하는 것은 가장 무의미한 일이다, 라고 힘차게, 차근차근 이야기하고 있다네. 들으면서 나는 몇 번이고 얼굴을 붉혔다네. 나는 지금까지 자신을 새로운 사내라고 약간 지

열다섯,

나치게 선전을 한 듯하다네. 헌신을 위한 몸단장에 너무 신경을 쓴 것 같다네. 화장에 집착한 면이 있었던 것 같다네. 새로운 사내라는 간판은 이쯤에서 흔쾌히 떼어내도록 하겠네. 내 주변은 이제 나와 거의 같은 정도로 밝아져 있다네. 지금까지 우리가 모습을 드러낸 곳은 언제나 저절로 밝고 화려해지지 않았는가? 지금부터는 아무런 말도 하지 말고, 빠르지도 느리지도 않게 극히 평범한 발걸음으로 똑바로 걸어가도록 하세. 이 길은 어디로 이어져 있는 것인지, 그것은 뻗어 나가는 식물의 덩굴에게 물어보는 게 좋을걸세. 덩굴은 이렇게 대답할걸세.
"저는 아무것도 모릅니다. 하지만 뻗어 나가는 쪽에는 햇볕이 드는 모양입니다."

만일 치사토가 살아 있고, 바람대로 의학부에 진학해 병원의 경영자가 되었다면 어땠을까. 단언컨대 그 병원은 현실에 존재하는 '건강 도장'이 되었으리라. 치사토는 죽음을 초월해 자신을 영원히 회생시켰고 순수한 헌신으로 불멸의 존재가 되었다. 그녀를 생각하기만 해도 내 마음은 밝고 따스한 기운이 가득해진다.
세상살이에 치여 상처받고 힘들 때면, 그녀의 목소리가 부드러운 바람을 타고 들려온다.
"뻗어 나가는 쪽에는 햇볕이 드는 모양입니다."
그녀는 자신의 생명을 바쳐 '판도라의 상자' 한쪽 구석에 남아 있던 작은 돌에 새겨진 글자가 무엇인지 알려주었다. '판도라의 상자 한쪽 구석에 나뒹굴고 있던…… 희미한 꽃향기에 매료되어 뭔지도 모르는 커다란 배를 타고 하늘이 정한 항로의 물결에 몸을 맡긴 채 나아가고 있는' 살아 있는 사람들에게 치사토는 따뜻하게 속삭인다. '뻗어 나가는 쪽에는 햇볕이 드는 모양입니다.' 라고.

"모든 것들은 전우주의 기운을 받아 하나로 이어져 있어요. 제 곁에 있는 사람들, 사물들 전부 얼마나 사랑스러운지요!"

그녀의 마지막 유언이었다. 이 말을 떠올릴 적마다 새삼 다짐한다. 내 주변의 모든 것들에게서 꽃처럼 아름다운 향기를 맡으며 살아가리라.

언젠가 저 세상에서 그녀를 다시 만나게 된다면 이렇게 말할 것이다.

"정말 만족스러운 삶이었습니다."

열다섯,

열여섯,
"이제 저에겐 남은 시간이 얼마 없어요. 죽기 전에 저 자신과 당당히 마주하고 화해하고 싶어요."

"저는 오랜 시간, 운명은 악의에 차 있는 것이라 믿어왔어요. 그런데 죽음이 눈앞에 다가온 지금, 비로소 깨달았어요. 운명은 선의라는 걸요. 전 평소에 마음이 잔뜩 비뚤어져 있어서 인생에 나쁜 일만 일어나야 했어요. 그런데 돌이켜보면 신기할 만큼 우연에 의해 고비마다 좋은 방향으로 이끌려온 것 같아요. 정말 세상에 우연은 없나 봐요, 선생님. 모든 일에는 운명의 선의가 작동하고 있어서 좋은 방향으로 나아가는 것 같아요."

미유키 씨는 이른바 잘나가는 커리어우먼이었다. 대학을 졸업한 이후 유명 출판사에 취직한 그녀는 능력을 인정받으며 승승장구했다.

그런데 49세가 되던 해, 병마가 그녀의 몸을 덮쳤다. 심각성을 깨달았을 땐 이미 온몸으로 암세포가 퍼진 뒤였다.

규슈에서 태어난 그녀는 18세에 독립해 도쿄로 건너왔다. 결혼을 한 번 했지만 곧바로 이혼했기에 30년간 홀로 살아온 셈이었다. 건강할 때는 대도시의 독신 생활이 한없이 자유롭고 쾌적했지만, 병에 걸리자 일상생활 하나하나가 불편하고 힘들었다. 게다가 지독한 외로움이 뼛속 깊이 파고들어 그녀의 영혼을 갉아먹었다.

말기 암 선고를 받고 절망에 빠진 미유키 씨는 '왜 나에게만 이런 비극이 닥치는가.' 하고 세상을 원망했다. 문병객은 일절 거부했으며, 어린 간호사가 조금이라도 미숙하게 행동하면 험상궂은 표정으로 가시 돋친 독설을 퍼부어댔다. 병문안을 오는 발길은 점점 뜸해졌고 그녀는 더욱 고독해졌다. 세련된 외모와 능력, 매너를 두루 갖춰 어딜 가든 사람들의 시선을 끌던 그녀는 괴팍하고 사나운 중년 여성으로 전락하고 말았다.

지인이 "미유키 씨를 한번 문병해 주세요."라는 부탁을 했을 때, 솔직히

열여섯,

내키지 않았다. 날카롭게 손톱을 세우고 으르렁거리는 모습을 마주할 상상만으로도 가슴이 턱 막혀왔다. 세상에 대한 분노와 원망, 증오에 사로잡힌 그녀에게 위로의 말을 건넨들 무엇이 달라지겠나 싶었다.

하지만 연신 간곡하게 청하는 지인의 부탁을 뿌리치지 못한 나는 결국 그녀의 병실 문을 두드렸다. 불행히도 예상은 들어맞았다. 그녀는 무섭게 치켜뜬 눈으로 사회나 운명에 대한 원한을 거침없이 쏟아냈고, 나는 가슴에 참을 인 자를 새기고 또 새겼다. 나를 위아래로 훑어보며 "보아하니 종교인 같은데, 신 따위가 어디 있느냐. 만약 있다면 아무 잘못도 하지 않은 나를 이렇게 잔인하게 죽여버리는 신이 무슨 놈의 신이냐."라며 독기 어린 악담을 퍼부을 때는 오물을 뒤집어쓴 듯한 비참한 기분이었다. 나중에는 그 장소에 있는 것만으로도 독가스를 들이켜 가슴이 시커멓게 그을린 것처럼 숨을 쉬기가 힘들 지경이었다.

두 번째 방문도 마찬가지였다. 세상과 사람에 대한 그녀의 분노는 그야말로 하늘을 찌를 듯했다. 그녀는 규수에서 일부로 찾아온 여동생이 얼마나 가식적인지, 간호사들 실력이 얼마나 형편없는지에 대한 험담만 되풀이했다. 그들의 젊음과 건강에 대한 질투와 시기를 이런 식으로 표현하는 것 같았다. 무리도 아니었다. 미유키 씨는 자신이 병에 걸린 사실과 지금 그리고 앞으로 닥칠 상황을 도저히 받아들일 수가 없었던 것이다.

세 번째로 찾아갔을 때 그녀는 상당히 수척해진 모습이었다. 주변에 독을 토해내느라 지쳐버린 것일까 싶었지만 예상은 보란 듯이 빗나갔다. 별안간 그녀는 엄청난 기세로 절규하기 시작했다. 눈을 치켜뜨고 울분을 토해내는 모습은 보기만 해도 간담이 서늘해질 지경이었다. 이대로 죽는다면 필시 원한 맺힌 귀신이 되어 이승을 떠돌며 저주를 퍼부어댈 것만 같았다.

그녀의 병실을 찾는 횟수가 늘어날수록 내 인내심도 점차 바닥을 드러내기 시작했다. 병원을 향하는 내 발걸음은 무거워졌고, 그녀의 몸에 손을 대고 기도하는 건 상상조차 할 수 없었다. 내가 할 수 있는 일이란 고작 의자에 앉아 수행하듯 쏟아지는 그녀의 독설을 묵묵히 받아내는 것뿐이었다.

미유키 씨의 병세는 나날이 악화되었고 복수가 차올라 배는 불룩해졌다. 죽음이 다가오고 있었다. 나는 여전히 그곳에 발을 들여놓기가 두려웠지만 그렇다고 도중에 그만둘 수도 없는 노릇이었다.

그녀는 이제 체력이 떨어질 대로 떨어져 예전처럼 울화통을 터트릴 기력조차 남아 있지 않아 보였다. 대신 이제는 "장례식 따위 필요 없다. 난 어릴 때부터 버림받은 자식이었다. 아무도 내가 죽는 거 신경 쓰지 않을 거다."라며 냉소적인 자기 비하를 서슴지 않았다. '세상에는 운이 좋아 앞길이 탄탄대로인 사람이 있는가 하면 타고나길 재수 없게 태어나 죽도록 고생만 하다 가는 나 같은 사람이 있다. 그러니 세상은 불공평하다.' 이것이 바로 그녀가 일관되게 주장하는 내용이었다.

그날도 나는 그녀가 내뱉는 독설의 화살을 받아내며 평상심을 유지하려고 애쓰고 있었다. 그녀는 어김없이 '난 재수가 없다'고 강조했고, 나는 무심결에 이렇게 받아쳤다.

"자꾸 재수가 없다, 재수가 없다, 하는데 태생적으로 재수가 없다는 게 대체 무슨 말이죠?"

의표를 찌른 것일까. 전류에 감전이라도 된 듯 그녀는 움찔했다. 이상하리만치 강렬한 반응에 놀란 나를 그녀는 날카로운 눈초리로 뚫어지게 바라보

열여섯,

았다. 무거운 적막감이 감돌았다. 숨 막히는 긴장감을 더 이상 견딜 수 없어 일어서려고 하는 순간, 그녀가 신음 소리를 내며 눈을 감았다. 이번에는 내가 그녀를 쳐다보았다. 거친 감정의 파도가 차츰 그녀의 표정에서 물러가고 있었다. 이윽고 가늘게 눈을 뜬 그녀는 잠자코 천장을 올려다보았다. 무언가 과거의 기억을 돌이켜보는 듯했다. 그녀는 나지막이 무언가를 읊조렸지만, 이내 기나긴 침묵에 잠겼다. 어느 순간 나는 그녀의 손을 잡고 있었다.

무심코 내뱉은 말이 그녀의 내면 한 구석을 건드린 걸까. 그녀는 무의식 속에 꽁꽁 봉해버린 아픈 기억 속으로 한 발짝 걸어 들어갔고, 나는 기꺼이 그녀의 동행자가 되었다.

40년도 더 된 이야기다. 규슈에 있는 생가의 정원에서 여섯 살 소녀 미유키는 빨간 꽃무늬 기모노를 입고 '우라시마타로(浦島太郎, 일본의 용궁 이야기)'에 흠뻑 빠져 있었다. 용궁성(竜宮城)의 아름다운 그림에 시선을 빼앗긴 그녀에게 할머니가 다가와 불쑥 한마디 했다.

"미유키, 용궁성에 보내줄까?"

"그럼 나 거북이를 타고 가는 거야?"

미유키는 눈을 동그랗게 뜨고 되물었다.

"넌 엄마랑 아빠가 실수로 낳은 아이야. 생겨버렸으니 어쩔 수가 없었지."

그녀는 그 말이 정확히 무얼 의미하는지 알 수 없었지만 자신이 환영받지 못한 존재라는 걸 단번에 알아차렸다. 감당하기 힘든 슬픔이 뼛속 깊이 스며들었다.

얼마 뒤 여동생이 태어났다. 이번에는 원해서 생긴 아이였는지, 부모는 아낌없이 사랑을 베풀었다. 미유키는 할머니가 한 말이 비수처럼 가슴에 꽂힌 뒤로 가족을 원망하는 마음이 커져갔지만, 동시에 가족의 사랑을 받고 싶다는 마음도 강렬해졌다.

그녀는 버림받지 않기 위해 필사적으로 공부에 매달렸다. 덕분에 일류 대학에 들어갔고 유명 회사에도 입사했다. 뛰어난 실력과 타고난 미모로 그녀는 어딜 가나 선망받는 존재가 되었다. 하지만 마음속에는 여섯 살 어린 소녀가 잔뜩 겁에 질린 채 '제발 날 용궁성에 보내지 말아주세요.' 라며 울먹이고 있었다.

그녀는 모두가 부러워할 만한 남자와 성대한 결혼식을 올렸다. 하지만 자신에게 무조건적으로 맞춰주리라 기대했던 상대는 그저 '평범한 남자'에 불과했다. 환상은 여지없이 깨졌고 그녀에게 남은 선택은 이혼뿐이었다.

수없이 실적을 쌓고 인정도 받았지만 마음속으로는 '나는 그 누구도 원치 않은 자식이다. 부모도 날 버렸고, 세상도 날 버렸다.' 라는 절망감을 뿌리칠 수 없었다. 겉은 화려해 보여도 속은 텅 비어 있는 인형처럼 스산하고 휑한 마음을 바꿀 방법을 찾지 못한 채 그녀는 살아야 할 의미를 잃어버렸다. 끝 모를 고독과 슬픔이 그녀의 영혼을 좀먹고, 더 나아가 무시무시한 암세포를 키운 건 아니었을지…….

그녀가 살아온 가혹한 세월을 상상하자 나는 가슴이 먹먹해졌다.

어릴 적부터 부모가 원치 않은 생명이었다는 상처를 숨기고 살아온 사람이 과연 세상에 대해 따뜻한 시선을 가질 수 있을까. 그녀가 지금까지 아무 탈 없이 생활해온 것이 오히려 신기할 정도였다. 40년 넘게 스스로를 자학하

열여섯,

며 굳어진 어두운 응어리가 순순히 사라질 리 만무했다.

그녀의 감각은 미세한 부분까지 민감하게 깨어났다. 이심전심으로 나의 마음을 느낀 것일까. 처음으로 내 손을 잡은 그녀의 볼에 한 줄기 눈물이 흘러내렸다. 울음을 참으려는 듯 그녀는 이를 악물었다. 나는 한 손으로 그녀의 손을 잡고, 다른 한 손으로는 눈물 젖은 그녀의 얼굴을 쓰다듬었다. 바로 그 순간, 그녀는 거친 숨을 토해내며 흐느끼기 시작했다. 어깨가 점점 들썩였고, 나는 말없이 그녀의 등을 천천히 쓸어내렸다. 나는 속으로 중얼거렸다. '다행이다. 그녀가 이렇게 울음을 터트릴 수 있어서……. 마음 깊이 뿌리내린 응어리를 털어낼 수 있어서…….'

그로부터 얼마 후, 친구로부터 〈마이니치〉 신문에 재미있는 기사가 실렸다며 전화가 걸려왔다.

한국 어선이 방글라데시 해상을 항해하던 2월 22일 새벽녘 무렵이었다. 갑판에서 청소를 하던 어느 청년이 거대한 파도에 휩쓸려 순식간에 바다 속에 빠졌다. 불행히도 다른 선원들은 깊은 잠에 빠져 아무도 눈치채지 못했다. 배는 점점 멀어져 갔고 청년은 어두컴컴한 망망대해 속에 홀로 남겨졌다. 끔찍한 추위와 피로가 엄습했다. 기진맥진해진 청년은 의식이 혼미해지는 것을 느끼며 '이렇게 죽는구나.' 하고 생각했고, 그 순간 '슥~' 하고 몸이 수면 위로 떠올랐다. 정신을 차려보니 거북이가 등으로 청년을 떠받치고 있었다. 그는 화들짝 놀랐지만 본능적으로 거북이의 등을 꽉 껴안았다. 거북이는 청년을 태운 채 6시간 이상을 떠다녔다.

한편, 아침 점호가 시작된 배에서 선원이 행방불명되었음을 알게 되었고,

부랴부랴 뱃머리를 돌려 수색을 시작했다. 해가 중천에 뜰 무렵, 망원경으로 주위를 살펴보던 선원은 거북이 등에 올라탄 청년 발견했고 즉시 구명보트를 띄웠다. 거북이와 청년 모두 무사히 올려졌다. 배는 근처의 벵골 만에 닻을 내렸고, 거북이에게 고마움의 표시로 쌀 주머니를 채워서 바다에 놓아주었다.

그야말로 영화 같은 이야기였다.
나는 그날 오후 미유키 씨의 병실을 방문했고, 그녀는 내 얼굴을 보자마자 기다렸다는 듯 말문을 열었다.
"오늘 아침에 할머니 꿈을 꿨어요. 할머니가 거북이를 타고 나를 맞이하러 온 게 아니겠어요? 저도 이제 떠날 때가 되었나 봐요."
나는 깜짝 놀랐다. 안 그래도 오늘 들은 신문기사 얘기를 해주려던 참이었다. 나는 미소를 지으며 운을 뗐다.
"'우라시마타로'의 이야기는 실화일지도 몰라요."
선원의 생명을 살린 거북이 이야기를 그녀에게 소상히 들려주며 나는 마지막에 이렇게 덧붙였다.
"오래전에도 거북이 덕분에 살아난 사람이 타이나 방글라데시 부근에 흘러 들어갔을 거예요. 그곳에서 이국적인 문화를 접하고 융숭한 대접을 받으며 정착했겠지요. 아무리 고향에 돌아가고 싶어도 통신수단이나 교통수단이 열악하던 시절이었으니까요. 오랜 시간이 흘러 우여곡절 끝에 고향에 돌아갔다 해도 가족과 친구들은 이미 나이를 먹어 예전으로 돌아갈 수 없었을 테고요."

열여섯,

진통제 덕분일까. 미유키 씨는 한결 차분하고 온순해졌다. 실컷 울음을 터트린 그날 묵은 앙금이 눈물과 함께 쓸려나간 건지 홀가분한 기미마저 엿보였다. 눈을 반짝이며 내 얘기에 귀 기울이던 그녀가 입을 열었다.

"이제야 할머니가 저를 용궁성에 보내버린다고 말한 속내를 알 것 같아요. 저를 미워한 게 아니었어요. 저를 따뜻하게 맞아줄 곳으로 보내주고 싶으셨던 거예요."

나는 힘주어 그녀의 손을 잡았다.

"용궁성은 모두가 즐겁게 노래하고 춤추고 음식을 사이좋게 나누어 먹는, 마음이 통하는 따뜻한 세상이잖아요."

"할머니는 당신이 따듯한 세상에서 살아가길 바란 거군요."

"그래요. 하지만 저는 바보처럼 거꾸로 받아들여서 평생을 불행하게 살아왔지 뭐예요. 선의를 베풀면 이용해먹고, 신뢰를 주면 배신당한다고 굳게 믿어왔어요. 그렇게 되지 않으려고 필사적으로 무장했지요."

하지만 병에 걸려 고통이 심신을 뒤덮자 더 이상 무장이 불가능해졌고, 두꺼운 갑옷이 모조리 벗겨져 나갔다. 의도치 않게 무장해제 된 지금에서야 할머니는 자신에게 마음을 열어준 사람이었음을 깨닫게 된 것이었다.

"할머니는 저를 가엾이 여겨 행복한 용궁성에 보내주고 싶어 하셨는데, 저는 그 뜻을 오해하고 평생 할머니를 미워했어요. 사실 그런 말을 듣지 않았더라도 전 이미 짐작하고 있었어요. 제가 축복받지 못한 존재라는 걸요."

할머니는 이미 오래전에 돌아가셨지만 진심을 뒤늦게라도 깨달은 이상 그녀는 무너진 자존감을 되살릴 수 있었다.

"어쩌면 세상은 죽은 사람과도 마음을 나눌 수 있을지 몰라요."

그녀는 큰 깨달음을 얻은 도인 같은 표정으로 대뜸 이런 말을 꺼냈다. 이후 우리는 삶과 죽음, 인생에 대한 진솔한 대화를 나누었다.

인간은 아무 생각 없이 사는 것처럼 보여도, 한 꺼풀만 벗겨 보면 혈관이 질서정연하게 흐르고 장기가 조화롭게 움직이고 있다. 마찬가지로 이 우주도 무언가 거대하고 완벽한 질서 속에 존재하는 게 아닐까. 그리고 그 질서는 우연이라는 형식으로 우리 앞에 나타나 필연으로 이끌어준다. 거북이 덕분에 목숨을 구한 이야기 역시 우연이 아니리라. 미유키 씨에게 어떤 계시를 주고자 함이다. 우리는 대우주의 기운 속에 모두 연결되어 있으니까 등등…….

그녀는 확신에 찬 어조로 말을 이어나갔다.

"결과적으로 할머니는 저의 거북이였던 셈이에요. 절망의 구렁텅이에 빠져 있는 저를 아래에서 '슝~' 하고 올려서 등에 태우고 밝은 햇살이 비치는 곳에 데려다 주었잖아요."

삶은 고독하다. 의지할 구석은 오로지 자신뿐이다, 라고 믿으며 두꺼운 갑옷으로 무장해온 그녀는 병에 걸리자 울며 겨자 먹기로 갑옷을 벗게 되었다. 끔찍한 병에 걸려 더욱 자신의 운명을 저주하던 그녀가 과거의 상처와 대면하고 할머니의 진심을 헤아리게 되면서 거꾸로 자신을 긍정하고 삶의 가치를 깨닫게 된 것이다.

"세상은 근본적으로 하나로 이어져 있다는 생각이 들어요. 이승 사람의 마음은 저승 사람에게도 전해질 거예요. 그럼 제 마음도 할머니에게 전해지겠지요."

열여섯,

그 얘기를 듣자 나는 시가 나오야(志賀直哉)가 남긴 〈맹귀부목(盲龜浮木)〉이라는 작품을 떠올렸다. 이 작품에는 실제로 작가가 체험한 이야기가 세 편 실려 있다.

첫 번째는 부석(화산 분출물 중 물에 뜨는 작은 돌)에 대한 이야기다. 어느 날 시가는 아와지 해안을 따라 떠밀려 온 수많은 부석들 중 갓난아기 머리통만 한 것을 줍는다. 그리고 5~60미터 앞에서 또 같은 크기의 부석을 줍는다. 알고 보니 두 개의 부석은 본래 하나의 돌이었는데 둘로 쪼개진 것으로, 깨진 부분을 맞추자 딱 맞아떨어졌다.

두 번째 이야기. 어느 날 아침, 일본에서 비운의 죽음을 맞이한 모라에스라는 포르투갈 문인의 꿈을 꾸다 눈을 떴다. 그러자 불쑥 모라에스 연구가라는 사람이 나타나 4년 전부터 갖고 있다는 소개장을 펼쳐 보이며 모라에스의 모습과 집의 형태 등을 묘사하는데 꿈에서 본 그것과 똑같았다.

세 번째 이야기. 시가는 나라에서 도쿄로 거처를 옮기면서 쿠마라는 애견을 데려온다. 그러나 쿠마는 얼마 뒤 도야마가하라 근처에서 사라져 버린다. 시가는 쿠마를 찾기 위해 백방으로 수소문하지만 결국 찾지 못하고 실의에 빠진다. 그로부터 일주일이 지나고 시가는 에도가와바시 사거리에 서 있던 버스 속에서 종종걸음으로 달려가는 쿠마를 발견한다. 불과 3초 사이에 일어난 일이었다. 냅다 버스에서 뛰어내린 그는 죽을힘을 다해 쿠마를 쫓아가 겨우 잡는 데 성공한다.

일주일은 60만 4800초이므로 3초는 20만 1600분의 1의 확률과 같다. 만일 1엔 동전을 20만 1600개를 놓고 그중에서 특정한 동전 하나를 고르라고 한다면 불가능에 가까운데 그런 일이 실제로 일어난 것이다.

작가는 마지막 부분에서 〈맹귀부목〉이라는 우화를 소개한다. 눈먼 거북이가 물에 뜬 나무를 만났다는 뜻이다. 자세히 풀어보자면, 백 년에 한 번만 수면 위에 올라와 고개를 내밀고 숨을 쉰다는 눈먼 거북이가 백 년 만에 수면 위로 고개를 내밀었는데, 마침 파도에 흘러온 나무 구멍 속에 거북이의 머리가 쏙 들어간다는 말로 있을 수 없는 일이 실현된다는 얘기다.

시가는 이렇게 적으며 끝맺는다.

쿠마의 경우, 현세에서 일어난 일 중 가장 '맹귀부목'에 가까운 경우가 아닐까. 나에게는 수십 년 전에 애독한 모리스 메테를랭크(Maurice Maeterlinck)의 〈지혜와 운명〉이라는 책에 적힌 '운명의 선의'라는 말도 이와 비슷하다. 단언컨대, 아무리 우연처럼 보여도 단순한 우연이 아니다. 어떠한 힘이 더해진 것이다.

나는 미유키 씨에게 이 이야기를 들려주었다. 그녀는 "완전히 동의해요."라며 고개를 끄덕이며 다음과 같은 말을 덧붙였다.

"시가 나오야는 〈운명의 선의〉라는 말을 인용했잖아요. 저는 오랜 시간, 운명은 악의에 차 있는 것이라 믿어왔어요. 그런데 죽음이 눈앞에 다가온 지금, 비로소 깨달았어요. 운명은 선의라는 걸요. 전 평소에 마음이 잔뜩 비뚤어져 있어서 인생에 나쁜 일만 일어나야 했어요. 그런데 돌이켜보면 신기할 만큼 우연에 의해 고비마다 좋은 방향으로 이끌려온 것 같아요. 정말 세상에 우연은 없나 봐요, 선생님. 모든 일에는 운명의 선의가 작동하고 있어서 좋은 방향으로 나아가는 것 같아요. 할머니가 말씀하신 그 말, 지금까지 제 삶을 절망의 구렁텅이에 몰아넣은 운명의 악의라고 여겨왔던 그 말이야말로

열여섯.

실은 행복으로 초대하는 신호였던 거예요. 이제 저에겐 남은 시간이 얼마 없어요. 죽기 전에 저 자신과 당당히 마주하고 화해하고 싶어요. 그리고 사람들에게 제 잘못을 용서받고 싶어요."

그녀는 평생을 괴롭혀온 상처를 스스로 치유했다. 진한 감동이 파도처럼 밀려와 내 가슴을 가득 채웠다.

나는 시가 나오야의 또 다른 소설인 〈분화〉라는 작품을 상기했다. 〈분화〉에는 시가의 지인 몸에서 일어난 신비한 이야기가 실려 있다.

시가의 친구는 산골에서 살고 있었다. 눈 내리는 어느 날 밤, 도쿄에 있는 누이가 위중하다는 연락을 받고 그는 홀로 산을 내려온다. 다행히 누이의 병세는 회복되었고 사흘 뒤 그는 도쿄를 뒤로하고 집으로 향한다. 그날 돌아간다는 사실을 누구에게도 알리지 않은 채 오후 세 시 무렵 산을 오르기 시작하지만 3일 연속으로 내린 눈은 허리까지 차오른 상태였다. 그는 눈을 헤치며 올라가다가 그만 길을 잃고 만다. 매서운 추위가 덮쳐 온몸에 감각이 무뎌지고 설상가상으로 의식마저 희미해진다. 쏟아지는 졸음을 쫓아내며 악착같이 고개를 넘어 정상에 선 순간, 멀리서 등불 두 개가 시야에 들어온다. 새벽 한 시를 넘긴 시간, 그는 캄캄한 어둠 속에 등불을 의지하며 산을 내려가다가 처남을 만난다. 알고 보니 처남은 사람들을 이끌고 그를 데리러 온 것이었다. 자초지종을 들어보니, 그의 엄마가 오밤중에 갑자기 처남을 불러 자신이 돌아오고 있으니 마중을 나가라고 부탁했다는 것이다. 만약 처남이 나타나지 않았더라면 그는 하마터면 그대로 잠들어 얼어 죽었을지도 모른다. 평소에 끔찍이 서로를 아끼던 어머니와 아들을 생각하며 시가는 깊은 인상을 받았다.

미유키 씨는 내가 들려주는 〈분화〉 이야기에 빠져 있다가 혼잣말로 이렇게 중얼거렸다.
"할머니는 저에게 주인공을 구해준 엄마 같은 존재로군요."
그러면서 그녀는 이렇게 덧붙였다.
"전 아이를 낳지도 않았고, 세상에 이렇다 할 업적을 남기지도 않았어요. 그저 공허함과 절망감에 가득 차서 삶에 의미가 있다는 생각은 하지도 않았죠. 하지만 이젠 알 것 같아요. '운명의 선의'를 깨닫기 위해 저에게 그토록 괴로운 삶이 주어졌다는 걸요."
나는 이내 숙연해졌다. 죽음을 있는 그대로 받아들이는 자가 아니라면 도저히 꺼낼 수 없는 말이었다.
환하고 따스한 미소가 그녀의 얼굴 가득 번졌다. 때마침 들어온 간호사는 까칠하고 괴팍했던 그녀가 맞나 싶을 만큼 온화한 모습에 눈을 동그랗게 떴다.
생명의 촛불이 꺼져가는 순간 깊은 깨달음을 얻은 그녀는 다음 날 아침, 평화로이 최후를 맞이했다. 전날 그토록 생기 넘치던 모습이 거짓말처럼 느껴졌다.
슬픔은 없었다. 오히려 행복만이 가득했다. 그녀는 거북이에게 구원받아 운명의 선의에 이끌려 따뜻한 세계로 떠난 것이다.

열여섯,

열일곱,
"네가 곤경에 처하거나
눈물을 흘릴 때 곁에 있어주지
못한다고 생각하니
가슴이 많이 아프다."

"아들아, 죽음을 앞둔 지금 아빠는 신기하리만치 마음이 차분하다. 공포나 불안 따위는 없다. 하지만 조금 더 살고 싶구나. 앞으로 사회에 나갈 너의 모습을 지켜보고 싶다. 어른이 되어도 부모가 필요할 때가 있는 법이란다. 내게 조금만 더 시간이 주어진다면 어른으로서 책임을 짊어지고 나아가는 너의 번듯한 모습을 볼 수 있을 텐데……. 네가 곤경에 처하거나 눈물을 흘릴 때 곁에 있어주지 못한다고 생각하니 가슴이 많이 아프다. 다시 건강을 되찾고 싶지만 역부족이구나. 이제 내가 할 수 있는 건 현실을 그대로 받아들이는 것뿐. 부디 알아주기 바란다. 이별을 앞둔 지금 내 마음을 가득 채우고 있는 건 '너희들을 사랑하고 있다는 것, 그리고 너희들도 나를 사랑하고 있다는 것' 임을. 생명이 아깝지 않을 만큼 너희들을 사랑한단다."

병실에서

10월의 청명한 가을 오후. 도쿄대 병원에 입원한 M을 만나러 갔다. 부인과 딸과 즐겁게 담소를 나누는 그의 모습은 환자복을 입은 게 도리어 어색할 만큼 활기차고 희색이 만면했다.

얼마 후, 대학생 아들인 마사부미가 병실로 들어왔다.

"큰할아버지가 오셨나 봐요. 병원 앞에 으리으리한 검은색 차가 멈춰 있기에 무슨 일인가 했더니 큰할아버지가 내리시더라고요."

얼마 뒤 위엄 넘치는 노신사가 비서 두 명을 대동하고 나타났다.

"몸은 좀 어떤가."

다소 무뚝뚝한 말투로 짧게 한마디를 건넨 그는 가만히 환자를 내려다보았다. 다정한 눈빛이라고 생각했지만 방금 전까지 환하게 미소 짓던 M은 이내 표정이 굳어지며 시선을 내리깔았다. 화기애애한 병실에 어색한 공기가 감돌았다. 나는 왠지 집안 모임에 불청객이 된 듯한 기분이 들어 서둘러 병실을 빠져나왔다.

도쿄대 법학부를 졸업한 후, 일본 은행에 입사해 프랑스 국비 유학을 두

열일곱,

번이나 다녀온 그는 직장에서 요직을 두루 거친 그야말로 엘리트 중에 엘리트였다. 번듯하게 자란 아들딸과 금실 좋은 부부, 그는 화목한 가정의 가장으로서 남부러울 것 없는 인생을 살아왔다. M의 큰아버지는 대장성에서 퇴임한 뒤 은행장이 된 분으로, 많은 이들이 그가 큰아버지와 비슷한 행보를 밟으리라고 예상했다.

그런데 탄탄대로였던 그의 인생에 갑자기 변수가 생겼다. 52세가 되던 해, 병마가 그를 덮친 것이었다. 젊은 시절 가벼운 간염에 걸렸던 게 화근이었다. 그동안 시나브로 간경화로 진행되다가 간암으로 악화되었다. 남은 시간이 얼마 없었다. 가족은 무리한 연명 치료를 거부하고 편안하고 자연스럽게 세상을 떠나겠다는 M의 의사를 존중하기로 했다.

멋쩍게 병실에서 퇴장한 다음 날, 나는 친구와 함께 다시 병원을 찾았다. 그는 가족들과 농담을 주고받으며 언제 그랬냐는 듯 정답게 우리를 맞이했다. 환자에 대한 사전 정보를 전혀 몰랐던 친구는 쾌활한 M을 보며 일 중독 중년 남성이 건강검진도 받을 겸, 오랜만에 휴식도 취할 겸 입원했나 보다 하고 생각했다.

그녀는 한 장의 카드를 꺼내 들었다. 아들과 아버지의 손을 그린 그림으로, 물을 가득 뜬 큼지막한 두 손 아래 조그만 두 손이 흘러넘치는 물을 받치고 있었고, 하단에 다음 문장이 적혀 있었다. '유월절(Passover, 이스라엘 민족이 이집트에서 탈출한 것을 기념하는 유대인의 명절) 전날, 예수는 이 세계를 떠나 아버지 곁으로 돌아가실 때가 이른 줄 아시고, 이 세상에 있는 형제들을 사랑하고 끝없이 사랑한다는 마음을 전하셨다.' (요한복음 13장)

소리 내어 글을 읽은 친구는 미소를 지으며 덧붙였다.

"사람은 죽기 전에 가슴속에 있는 말을 누군가에게 털어놓고 싶어진다죠. 예수님도 예외가 아니었네요. 죽음을 앞두고 이 말만은 전하고 싶으셨나 봐요."

그러자 가족 중 유일하게 카톨릭 신자인 M이 신기하다는 표정으로 물었다.

"그럼 그 유명한 '최후의 만찬'은 예수님이 유언을 남기시는 장면인가요? 그러고 보니, 프랑스 유학 시절에 휴가를 얻어 혼자 밀라노에 간 적이 있습니다. 오로지 '최후의 만찬'을 보기 위해서였죠. 사람들에게 물어물어 겨우 산타 마리아 델레 그라치에 교회에 도착했지요. 어두침침한 방에 그림이 걸려 있었는데, 기대가 과했던 탓인지 솔직히 말해 좀 실망스러웠어요. 그런데 말입니다, 어둠에 점점 눈이 익숙해지자 그림에서 풍겨 나오는 오묘한 분위기에 저도 모르게 빠져들더군요."

그로부터 일주일 뒤, 선생의 상태는 급속도로 악화되었다. 임종이 가까워졌음을 직감한 가족들은 그와 절친한 사이이자 신부인 Y에게 연락했고, 늦은 시간이었음에도 그는 한걸음에 달려왔다.

"M 선생, 저 알아보시겠어요?"

Y가 애타게 이름을 부르자 자는 듯이 누워 있던 M은 천천히 눈을 뜨고 상대를 가만히 바라보며 고개를 끄덕였다.

"좀 어떠십니까?"

신부의 나지막한 물음에 그는 아주 편안한 목소리로 말했다.

열일곱,

"네, 좋습니다."

이 말을 끝으로 그는 숨을 거두었다.

20년 전, 로마에서 우연히 만난 Y와 M은 저녁 식사를 함께하며 신앙에 대해 깊은 대화를 나누었다. 그 인연을 계기로 두 사람은 절친한 사이가 되었고, 그는 죽음을 앞두고 Y 신부에게 세례를 받았다. 마치 영원한 생명으로 향하는 유월절 의식처럼.

마지막 순간까지 M을 위해 최선을 다했던 S 교수는 M의 시신이 자택으로 향하는 것을 병원 현관까지 나와 젊은 의사들과 배웅했다. 그는 조용히 중얼거렸다.

"우리는 의사지만 죽을 때는 벌거벗은 한 인간으로서 죽는다. 내 마지막도 M과 같았으면 좋겠군."

이 말은 얼마 뒤 받아본 네 통의 편지를 읽으면서 내 마음속에 뚜렷이 각인되었다. 각각의 편지에는 고통의 극한을 받아들일 때 비로소 보이는 '죽음을 넘어 영생하는 길'이 담겨 있었고, 나는 그것을 '유월'의 기록이라고 이름 붙였다.

'유월'이란 성서에서 쓰이는 말로, 구원자를 기다리는 구약시대부터 예수님이 구원자로 이 세상에 나타나, 인류를 대신해 십자가에 못 박히는 속죄를 통해 새로운 기쁨의 시대로 옮겨가는 것을 의미한다. 다시 말해, 예수님이 죽음을 극복하고 영원한 생명을 얻은 것을 가리킨다. 고통에서 희망으로, 멸망에서 영원으로, 죽음에서 삶으로 바뀌는 것으로 해석되기도 한다.

가족들의 허락을 받아 편지의 내용을 소개하고자 한다. 세 통은 M이 가족들에게 보낸 편지로, 그는 자신이 죽고 40일 후에 개봉하도록 했다. 날짜를 일부로 지정한 건 그가 마지막으로 전하고 싶은 메시지를 가족들이 어느 정도 마음이 안정된 뒤에 차분하게 들을 수 있도록 한 배려이리라.

아버지가 아들에게
마사부미.
병간호를 하느라 지친 엄마는 간이침대에서 방금 잠이 들었다. 나 때문에 고생이 이만저만이 아니구나. 내일부터는 집에 가서 자라고 해야겠다. 이러다 엄마까지 건강을 해칠까 걱정스럽다. 아픈 사람은 나 하나로 족하니까.
참으로 고요한 밤이다. 어제 '최후의 만찬'에 대한 이야기를 듣고 나서 마음이 한결 편안해졌단다. 이 마음을 전하기 위해 펜을 든다. 너도 이제 성인이니까 아빠를 이해할 수 있겠지. 왠지 내 몸이 아닌 듯한 기분이 든다. 왜일까. 고통이 없어서일지도 모르겠구나.

그저께 큰아버지가 다녀가신 뒤로 나는 평생 잊을 수 없는 기억 한 조각이 떠올랐다.
도쿄 올림픽 직후였어. 경제가 무서운 기세로 성장하기 시작했고, 정부는 산업을 더욱 부흥시키기 위해 외국 채권을 발행하기로 결정했지.
일본 대표는 스위스에서 프랑스 대표와 조인식을 하기로 했다. 30분 후 기자회견도 준비되어 있었지. 세계적으로 일본의 위상을 드높이는 절호의 기회였기에 어마어마한 취재진들이 집결했고, 외국 기자들도 상당수 참석해

열일곱,

깊은 관심을 보였단다.

당시 일본 은행 총재를 수행했던 나는 유일한 프랑스 통역원이었어. 그렇다고 초조하진 않았다. 내용은 지극히 간단했고, 나는 잘할 수 있다는 자신감에 넘쳐 있었어. 그저 사전에 정리된 서류에 서명하는 것뿐이었으니까. 그런데 막상 회의가 시작되자 난관에 봉착하고 말았단다. 일본과 프랑스가 합의에 도달했던 사안에 대한 양쪽의 견해 차이가 조금씩 드러난 거야. 프랑스 측에 우리의 입장을 최대한 자세히 설명해야 했는데, 내 프랑스어 실력은 원어민처럼 유창하지 못한지라 나는 정확한 표현을 찾느라 말을 더듬거리며 시간을 끌었어. 눈앞이 캄캄해지더구나. 설상가상으로 공통적으로 사용하는 전문용어에 대한 양국의 미묘한 뉘앙스 차이까지 있어서 회의 분위기는 점점 무거워지기 시작했다. 일본 대표단은 걱정스러운 눈길로 나를 주시했어. 등골에 식은땀이 흐르고 1초가 한 시간처럼 느껴졌다. 이대로 내가 통역을 계속한다면 중대한 국가 대사를 그르칠지도 모른다는 생각이 들더구나. 엄청난 공포감이 엄습했지.

하지만 사람은 벼랑 끝에 몰리면 놀라운 용기를 발휘하기도 하는 법이지. 나는 체면 따위 벗어던지고 새롭게 각오를 다졌다.

'전문용어에 구애받지 말자. 상대에게 전하려는 내용을 최대한 정확하고 쉬운 언어로 말하자.'

나는 크게 심호흡을 한 다음 천천히, 또박또박 설명하기 시작했어. 내 프랑스어는 초보라고 하기도 민망할 정도의, 중학생 일상 회화 수준이 되어버렸지. 국가 대표들이 한데 모인 극도로 긴장된 분위기에서 흘러나오는 유치한 프랑스어라니……. 이 엄청난 간극에 나조차도 실소가 나오더구나.

그 순간이었어. 누군가 명확한 전문용어를 구사하며 내가 말하는 내용을 유창한 고급 프랑스어로 말하기 시작한 거야. 깜짝 놀라 고개를 두리번거렸지. 주인공은 프랑스 은행 총재였어. 프랑스 대표자이면서 나를 대신해 상황을 설명해준 거야. 한 치의 흐트러짐 없는 반듯하고 진지한 자세로 말하는 모습은 그야말로 기품에 넘쳤어. 일본 대표단은 숨을 멈추고 귀를 기울였지. 심각하고 어려운 사안을 설명하면서도 그는 시종일관 자신감이 넘쳤어. 심지어 놀라서 바라보는 날 보며 장난기 가득한 표정으로 윙크까지 하더구나. 나는 '아, 이것이 프랑스의 에스프리(esprit, 위트, 기지)구나.' 하고 감탄했단다.

연설을 끝마친 그는 일어서서 나에게 다가왔어.

"무슈, M."

크고 따뜻한 손을 내 어깨에 올리고는 부드러운 목소리로 이름을 불렀지.

"걱정 말게. 난 자네의 친구라네."

그는 마치 번쩍 들어 올리듯 날 의자에서 일으켜 세운 다음, 내 어깨를 꽉 안고 회의실 안을 천천히 걸었단다. 나는 그의 몸에 지탱하는 꼴이었지. 상상해보렴. 각국 대표단은 의자에 가만히 앉아 있는데 우리만 서서 회의장을 걸어 다니는 광경을. 우리들의 발걸음 소리가 높은 천장까지 울리는 듯했어.

그의 따뜻한 온기가 어깨에 스며들었고, 나는 자연스레 그와 보조를 맞추었지. 어느새 몸의 긴장이 풀린 나는 어느 때보다 마음이 편안해졌다. 심지어 발소리에 맞춰 노래를 흥얼거리고 싶을 지경이었어. 나는 그와 완벽한 일체감을 맛보았지. 뭐랄까, 거대한 기운이 따뜻하게 나를 둘러싸는 느낌이라고나 할까.

회의가 마무리될 무렵, 그는 나와 함께 일본 대표자 앞에 섰고, 그제야 어깨

열일곱,

에서 팔을 풀었지. 내 눈앞에서 양국 대표는 굳은 악수를 나누고 계약서에 사인을 했단다. 회의장에는 떠나갈 듯한 박수가 터져 나왔어. 따뜻하고 상쾌한 기운이 여전히 내 마음을 가득 채우고 있었단다. 곧바로 기자회견장으로 향한 일본과 프랑스 대표는 더없이 훌륭한 조인식이었다며 담화를 발표했지.

 내 평생 가장 기억에 남는 경험이었다. 너에게 마지막 선물로 이 기억을 고스란히 남겨주고 싶구나.

 체력이 다할 때까지 은행에서 미련 없이 일할 수 있어서 얼마나 감사했는지 모른다. 나는 절친한 S 교수를 비롯해 여러 의료진들에게 그간 극진한 간호를 받았지. 의사들은 내 앞에서 죽음에 대해 일절 함구했지. 하지만 내 몸은 내가 잘 안단다. 오래전부터 몸 상태가 심상치 않다는 걸 의식하고 있었다. 너도 알다시피 난 간이 나빠서 오랫동안 건강에 주의해왔어. 자제해야 될 게 너무 많아 네 엄마에게 스님 같은 삶이 따로 없다며 푸념을 늘어놓은 적도 다반사였지.

 당장 입원해야 될 만큼 급속히 간이 나빠졌다는 얘기를 들은 순간, 나는 엄청난 분노와 절망에 사로잡혔다. 그동안 건강을 위해 얼마나 많은 즐거움을 포기하며 살아왔는데…… 이럴 줄 알았으면 하고 싶은 거, 먹고 싶은 거 마음껏 즐기면서 사는 건데……. 많이 억울했다. 더 이상 살아서 뭐 하나 싶어 자포자기 심정도 들었지.

 그런데 어느 날이었어. 빨래를 말리던 엄마가 멍하니 허공을 바라보는 모습을 보게 되었는데, 그렇게 공허하고 외로운 표정은 지금까지 본 적이 없었어. 그 순간 난 다짐했지. 남은 시간 가족을 위해 살아가겠다고. 병에 걸렸다는 사실에 대한 분노를 남들 혹은 나 자신에게 퍼붓지 않고 평상심을 유지할 수 있었던 건 병원 사람들, 직장 동료들의 배려와 이해가 큰 도움이 되었어. 하지만 뭐니 뭐니 해도 가장 고마운 건 엄마와 너희들의 존재란다. 많이 힘들었을 텐데도 내 기분을 맞춰주려고 노력한 것 잘 안다. 가족의 사랑이 없었다면 결코 지금까지 버틸 수 없었다는 것도.

아들아, 죽음을 앞둔 지금 아빠는 신기하리만치 마음이 차분하다. 공포나 불안 따위는 없다. 하지만 조금 더 살고 싶구나. 앞으로 사회에 나갈 너의 모습을 지켜보고 싶다. 어른이 되어도 부모가 필요할 때가 있는 법이란다. 내게 조금만 더 시간이 주어진다면 어른으로서 책임을 짊어지고 나아가는 너의 번듯한 모습을 볼 수 있을 텐데……. 부질없는 집착이겠지.

기억하니? 일전에 내가 농담 삼아 "만일 아빠가 죽으면……." 하고 운을 뗐을 때 모두 얼굴이 굳어졌었지. 그리고 곧바로 어른스럽게 진지한 표정을 지었어. 그때 난 너희들이 무척 자랑스러웠단다. '왜 우리 아버지만 이런 시련을 겪어야 하는가!' 라며 세상을 원망하는 상태를 뛰어넘어 아버지에게 닥친 현실을 어느 정도 담담하게 받아들이고 있다는 증거였으니까. 특히 너는 '이 상황에서 가장 중요한 것은 무엇인가. 나는 무엇을 해야 하는가.' 라는 태도로 최선을 다하고 있었다. 얼마나 믿음직스러웠는지 모른단다.

아들아, 너는 어떤 인생을 살아가든 너답게 살아가거라. 너에겐 그럴 수 있는 힘이 있단다. 넌 내 믿음에 부족함 없는 아들이야.

병원 신세를 지게 되면서 가족과 많은 시간을 보낼 수 있었다. 건강할 땐 좀처럼 털어놓지 않을 법한 속 깊은 이야기도 허심탄회하게 나누었지. 병에

열일곱,

걸린 뒤에야 비로소 보이기 시작한 훌륭한 것들을 말할 때 너는 가만히 귀를 기울여 주었어.

체력이 저하될수록 오히려 지금까지 생각지도 못했던 내면의 힘이 솟구쳐 오르는 것을 느낀다. 그것은 오랫동안 축적해온 전문적 지식과 경험의 결과물이 아니란다. 모순인 것 같지만, 몸이 약해지면서 내 안의 모든 기능이, 예컨대 감각이나 사고력, 이해력, 관찰력, 그 밖의 모든 것들이 결합해 완벽하게 조화를 이루고 있는 느낌이다. 나는 죽음을 앞두고 밀도 높은 시간 속에서, 인간의 존재와 삶에 대한 새로운 관점을 가지고 이해하게 되었단다. 너는 나의 변화를 예리하게 포착하고 있다는 기분이 들었다.

얼마 전 너는 무심코 이런 말을 했었지.

"아버지는 참 친절하네요. 한 인간으로서 참 친절해요."

그 말을 듣고 얼마나 기뻤는지 모른다. 만일 나의 '친절함'이 타인에게 전해졌다면, 나의 내면의 힘이 발휘되었다는 뜻이니까.

나에게 가장 소중한 것, 그건 바로 가족의 사랑이란다. 나는 건강을 잃은 대신 가족의 사랑을 분에 넘칠 만큼 얻었어. 주변 사람들도 나에게 넘치는 사랑을 주었지. 나도 모두를 정말 사랑한다. 눈앞에 다가온 죽음을 두려워하지 않고 이토록 차분한 마음을 가질 수 있는 건 내가 강한 사람이라서, 용기가 있어서도 아니란다. 그건 '나는 사랑하고 있다. 그리고 사랑받고 있다.'라는 확신이 있기 때문이야. 너희들이 이 확신을 나에게 심어주었어. 정말 고맙다.

부디 알아주기 바란다. 이별을 앞둔 지금 내 마음을 가득 채우고 있는 건

'너희들을 사랑하고 있다는 것, 그리고 너희들도 나를 사랑하고 있다는 것'임을. 생명이 아깝지 않을 만큼 너희들을 사랑한단다.

일전에 유월절에 대해 얘기했던 거 기억나니? 예수님이 세상과 이별을 고하기 전에 느꼈던 감정을 나도 이해할 것 같구나. 최후의 만찬이 그려진 카드에는 이렇게 적혀 있었지.
'예수는 이 세계를 떠나 아버지 곁으로 돌아가실 때가 이른 줄 아시고, 이 세상에 있는 형제들을 사랑하고 끝없이 사랑한다는 마음을 전하셨다.'
쑥스럽지만 예수님 자리에 내 이름을, 형제 자리에 너희들과 엄마의 이름을 넣어보렴. 내가 얼마나 우리 가족을 사랑하고 있는지 알 수 있겠니?
나는 그동안 종종 '천국을 훔치는 도둑이 될 거야.'라고 말해왔었지. 이제 드디어 성공한 듯하구나. 엄마와 너희들의 기도 덕분이다. 최후의 날을 앞두고도 형제를 사랑하신 예수님이 그때와 같은 커다란 사랑의 마음으로 나를 맞이하러 오시는구나. 바라건대 너희들도 그 사랑 속에서 함께하기를.
엄마와 아케미를 잘 부탁한다.
아들아, 진심으로 사랑한다.

아버지가

열일곱,

아버지가 딸에게

아케미.

병원 침대에 누워 천장을 올려다보는 나날이 줄곧 이어지고 있구나. 하얀색 천장은 스크린이 되어 내 마음을 드나드는 수많은 상념을 비춰준다. 하지만 요즘은 천장에 떠오르는 움직임을 볼 때마다 마음이 묘하게 안정된다. 왜일까. 아무래도 네가 열심히 내 다리를 주물러줄 때 천장 모양이 흔들리기 때문일 거야.

네가 갑자기 N 대학 의학부가 주관하는 마사지 연수회에 참가하기 위해 신슈(信州)의 산속으로 떠난다고 했을 때 솔직히 많이 놀랐단다. 그런데 열흘 뒤, 너는 몰라보게 성숙해진 모습으로 돌아왔었지.

입원한 뒤부터 나는 완전히 너에게 몸을 맡겨버렸다. 너는 마치 몸에서 병을 쫓아내기라도 하듯 정성껏 내 다리를 안마해 주었어. 그럴 때면 어찌나 시원하고 기분이 좋던지 나도 모르게 깊은 단잠에 빠져들곤 했어. 덕분에 병에 대한 것을 깡그리 잊어버릴 수 있었단다. 좀처럼 잠에서 깨지 않는 나를 기다리다 지쳐 인사도 못하고 집으로 돌아간 일도 태반이었지.

아쉽게도 이제 너와 함께 보낼 시간이 얼마 남지 않았구나.

네가 곤경에 처하거나 눈물을 흘릴 때 곁에 있어주지 못한다고 생각하니 가슴이 많이 아프다. 다시 건강을 되찾고 싶지만 역부족이구나. 이제 내가 할 수 있는 건 현실을 그대로 받아들이는 것뿐.

이 기회를 빌려 너에게 말해두고 싶은 게 있단다.

앞으로 너는 '아버지'라는 열차에서 내려 홀로 걸어가게 될 거야. 그때 너는 자신의 존재에 대해 깨닫게 되겠지. 그 마음을 소중히 여기기 바란다. 자신을 따듯하게 보듬고 훌륭한 벗이 되어주렴. 그러면 넌 진정으로 풍요로운 인생을 펼칠 수 있을 게다.

또 한 가지 중요한 건 바로 타인에 대한 마음이란다. 네가 열심히 내 다리를 쓰다듬으면서 우리는 배려, 감사, 노력, 감동 등을 공유했었던 것 기억나니? 그 감정은 천 마디 말보다도 강렬하게 전해졌단다. 우리는 행복 속에서 일체감을 경험한 거야. 그것이야말로 사람과 사람의 아름다운 인연이란다.

딸아, 너는 나와 함께 보낸 시간 속에서 타인에 대한 마음이 솔직할수록 그와의 연결 고리가 깊어진다는 진리를 깨달았다고 생각한다. 아버지는 어린 나이에 타인을 사랑하는 힘을 터득한 딸이 너무도 자랑스럽다. 너를 우리 부부에게 보내준 신에게 무한히 감사할 따름이다.

아케미, 넌 내 소중한 딸이다. 자신감을 앞으로 나아가렴. 너에겐 그럴 힘이 있단다. 난 너를 믿는다. 그리고 사랑한다.

아버지가

아내에게

새삼스럽게 격식을 차리려 하니 뭐라고 불러야 할지 모르겠구려. 평소에 이름을 부를 일이 좀처럼 없었으니 말이오.

그래, 생각났소. '사랑하는 사람'이 어떨까.

열일곱,

사랑하는 사람이여.

나는 당신과 인생을 함께 걸어온 것을 깊이 감사하고 있다오. 우리는 조화로운 운명 공동체였지. 병에 걸린 뒤로 느낀 게 한 가지 있소. 바로 당신은 신기한 능력을 지니고 있다는 사실이오. 건강할 때는 바쁘게 일만 하느라 깨달을 기회조차 없었지. 하지만 병실에서 이렇게 당신과 함께 있자니, 나는 내 자신이 당신에게 있는 그대로 오롯이 받아들여지고 있음을 느낀다오. 이런 감정이 부풀어 올라 내 안에서 평소와 다른 무언가가 일어났소. 그리고 모든 요소들과 완벽한 조화를 이루기 시작했지. 내 안에 친절함이 가득 차고 모든 것을 진솔하게 바라볼 수 있게 된 것이오. 뭐라고 설명해야 할까. 좀 거창하게 말하자면 '자비'와 비슷한 감정이라오. 나는 진정 당신에게 사랑받고 있음을 뼛속 깊이 실감하고 있소.

내가 이렇게 말하면 당신이 세차게 고개를 흔들며 부정하겠지.

"아니요, 난 제멋대로 살아왔어요. 난 그렇게 훌륭한 부인이 아니었어요."

당장이라도 귓가에 들릴 듯하구려. 물론 살아오면서 부딪히기도 하고 싸우기도 했지.

하지만 떠날 때가 다가온 지금, 나는 최고의 반려자를 만나 행복한 삶을 보냈다고 확신하오. 게다가 우리는 사랑스러운 두 아이도 얻었지 않소. 더 이상 무얼 바라겠소. 나는 당신과 아이들을 너무도 사랑하오. 그리고 자랑스럽소.

사랑하는 사람이여, 지금 있는 모습 그대로 당신을 사랑하오.

다시 한 번 말하겠소.

사랑하는 사람이여.

M의 부인이 친구에게 보내는 편지

(이 편지는 M의 편지가 개봉되기 전에 쓰인 것이다)

초겨울 하늘이 청명한 요즘입니다. 고인이 된 남편과 우리 가족에게 보내주신 따뜻한 성원에 감사한 마음 이루 다 표현할 길이 없습니다.

얼마 전 우리 부부의 소개로 결혼에 이른 어느 부부에게서 다음과 같은 편지를 받았습니다.

두 사람이 고기를 사러 갔는데 가게 밖에서 들어갈까 말까 하고 망설이며 서성이던 외국인 수녀를 발견했습니다. 마침내 결심한 듯 가게에 들어간 수녀는 얇디얇은 햄 세 개를 사서 돌아갔습니다. 우연한 기회에 그 수녀가 속한 수도회의 딱한 사정을 알게 된 부부는 앞으로 오츄겐(中元, 음력 7월 15일로 그동안 신세를 진 지인들에게 감사하는 마음과 더운 여름을 건강히 잘 보내라는 의미로 선물을 보낸다)과 오세이보(お歲暮, 가족이나 친한 사람에게 한 해의 감사의 마음을 담아 연말에 보내는 선물) 때 우리 부부에게 보내는 선물을 대신 그 수도회에 보내고 싶다고 정중히 양해를 구하더군요.

그런데 참 신기한 일이지요? 남편이 병에 걸린 뒤부터, 우리는 수녀님의 기도를 느끼게 된 것입니다. 그 부부가 남편을 위해 선물을 보낸 것도 아닌데 기도의 힘은 분명 전해져 왔습니다. 더욱이 남편을 위해 기도해주신 여러분의 진심 어린 마음은 우리 가족에게 너무도 큰 힘이 되었습니다.

남편은 생을 마감하는 마지막 순간까지 작은 고통도 느끼지 않았습니다. 그 덕에 세상을 떠나기 2주 전까지도 직장에서 열정적으로 일할 수 있었지요. 그에겐 참으로 행운이었습니다. 물론 업무를 수행하기 위해 필요한 능력

열일곱,

과 경험이 최고조에 달한 시기에 죽음을 마주해야 했던 상황이 뼈아프게 다가온 것도 사실입니다.

하지만 이별의 시간은 시시각각 다가왔고, 우리 가족은 아침과 저녁에 항상 식사를 함께하고 남은 시간을 소중히 여기며 깊은 유대감을 나누고자 노력했습니다. 내면의 교류 속에서 서로의 소중한 것을 주고받았지요. 만일 남편이 죽음을 선고받지 않았다면, 그토록 강하고 깊고 따뜻한 유대감은 얻을 수 없었을 것입니다. 실로 한 사람, 한 사람이 인간으로서 '살아가는 의미'를 찾아가는 밀도 높은 시간이었습니다.

눈을 감기 열흘 전에 남편은 야기 주키치(八木重吉, 일본의 시인)의 시를 들려주었답니다.

아내여,
내 생명이 있으니
나의 목숨만을 위해
네가 살아가는 때가 있다면
아내여, 나는 잠자코
생명을 버리리라.

가슴이 뭉클해진 저는 "저도 마찬가지예요."라고 답했습니다. 그는 자신의 마음을 이 시 한 편에 빗대어 전하였던 것입니다. '아내'라고는 했지만, 실은 수많은 사람들에 대한 그의 마음이었어요. 이 시는 그가 살아온 52년 동안 지향해온 생활 방식의 완결판이었지요.

담담히 말하는 그의 모습을 바라보며 저는 남편이 영원의 세계에서 살아갈 준비를 마쳤다는 느낌을 받았습니다.

단언컨대, 무수한 분들의 따뜻한 애정을 받았던 행복한 인생이었습니다. 올 여름에도 파리에서, 뉴욕에서 친구 분들이 찾아오셨지요. 남편은 국경을 초월하고, 지위 고하를 막론하고, 사람은 누구나 마음을 나눌 수 있다는 인간에 대한 깊은 신뢰를 우리에게 남겨두고 세상을 떠났습니다. 이 신념의 결실은 화사하고 탐스러운 꽃처럼 우리 가족에게 돌아왔지요. 얼마나 많은 분들이 우리에게 인간의 따뜻함을 일깨워 주시고 마음의 자비를 베풀어 주셨는지 모릅니다. 과분한 사랑에 머리 숙여 감사드릴 따름입니다.

연말연시 인사로는 턱없이 부족하지만, 그동안 여러분이 보내주신 애정에 소중한 사람을 잃은 슬픔을 달래며 지난해를 보내고, 여러분의 위로와 격려에 용기와 희망을 가지며 새해를 맞이하겠습니다.

다시 한 번 진심으로 감사드립니다.

열일곱,

| 마치면서 |

몇 시간 전 절친한 친구가 하늘나라로 떠났다. 병원에서 선고를 받은 지 고작 4개월 뒤였다. 그동안 나는 그녀가 회복되기를 간절히 기도하며 병실에서 그녀가 잠들 때까지 곁을 지키곤 했다.

나흘 전의 일이다. 시계는 저녁 8시 30분을 가리키고 있었다. 순간, 그녀를 괴롭혀온 고통이 거짓말처럼 사라지고 평화로운 분위기가 병실을 가득 채웠다. 오, 주여……. 나는 '그 순간'이 다가왔음을 느낄 수 있었다. 그녀는 눈을 크게 뜨고 낭랑한 목소리로 천천히 입을 열었다.

"제 말을 들어주세요. 이건 포기가 아니에요. 전 인생을 성실하게 끝마쳤습니다."

그녀의 표정에는 훌륭하게 삶을 완결하는 자만이 가질 수 있는 기품과 평온함이 흘렀다. 이후 잠시 동안 통증을 호소하기도 했지만 눈을 감는 최후의 순간까지 그녀는 행복해했다.

그녀는 내 마음속에 영원히 살아 있다. 그녀처럼 나 역시 한 점 미련 없이 인생을 완결할 수 있기를 바랄 뿐이다.

10년 전 오늘, 나는 여행을 떠나기에 앞서 죽음을 앞둔 마흔여덟 살의 의사와 작별 인사를 나누었다. 미국에서 연구를 끝마치고 개업한 그는 최신 의료 기기를 설치하고 대학 병원에서 일하는 유능하고 젊은 의사들을 스카우

트했다. 의사로서 눈부신 성공을 향해 첫 발걸음을 떼려던 순간, 암 선고를 받았다. 모든 계획은 수포로 돌아갔고 그는 병원에 입원해야 했다. 그가 느껴야 했던 상실과 절망을 어찌 말로 설명할 수 있을까. 나는 일 년 가까이 그의 병실을 찾아 위로와 격려의 말을 건넸다.

그에게 이별을 고하던 날, 우리는 이것이 이번 생에서 마지막 만남임을 직감했다. 그는 고목나무같이 뻣뻣하고 앙상한 몸을 애써 일으킨 뒤 침대 위에 정좌했다. 고대 무사처럼 절도 있는 자세였다. 그리고 깊이 머리를 숙여 인사했다. 오히려 감사 인사를 해야 하는 건 내 쪽이었는데도…….

그는 잔잔한 미소를 지으며 말했다.

"만일 다시 한 번 나에게 건강한 삶이 주어진다면, 병원을 그만두고 시골에 내려가 농사를 짓고 싶습니다. 소박한 집 한 채 지어서 삶에 지친 이들과 함께 밭을 갈며 살고 싶어요. 꼭 그렇게…… 살고 싶습니다."

내가 여행지에서 사망 소식을 들은 건 그로부터 닷새 뒤였다.

역설적이지만, '사랑하는 사람에게만 죽음이 있다. 사랑하는 사람에게만 죽음이 없다.'라는 말이 있다. 대부분 사람들은 신문기사에 실린 부음을 단순한 정보로써 접한다. 그러나 사랑하는 사람의 죽음은 마치 자신이 죽은 것처럼, 가슴이 무너져 내릴 만큼 고통스럽다. 사랑하는 사람에게만 죽음이 있다는 이유가 여기에 있다. 하지만 동시에 사랑하는 사람의 마음속에는 강렬한 끈으로 이어진 망자가 영원히 함께 살아간다. 사랑하는 사람에게만 죽음이 없다는 이유가 여기에 있다.

이 책에 등장하는 모든 이들에게 진심으로 감사드린다. 영원한 친구이자 인생 선배, 고귀한 영혼들은 죽음이 다가오는 고통스러운 시간 속에서 마음을 열고 살아가는 것의 소중함을 일깨워 주었다. 아울러 개인적인 사연을 책으로 출판하도록 허락해준 그들의 가족과 벗들에게도 고마운 마음을 전한다.

스즈키 히데코

죽음을 앞둔 사람의 말

1판 1쇄 발행 2013년 4월 20일
지은이 스즈키 히데코 **옮긴이** 나지윤
기획편집 조윤지 **디자인** 최영진

펴낸곳 책비 **펴낸이** 조윤지 **등록번호** 215-92-69299
주 소 경기도 성남시 분당구 야탑동 시그마3 918호
전 화 031-707-3536 **팩 스** 031-708-3577
블로그 blog.naver.com/readerb

'책비' 페이스북
www.facebook.com/TheReaderPress

Copyright ⓒ 2013 스즈키 히데코
ISBN 978-89-97263-49-3

책값은 뒤표지에 있습니다. 잘못된 책은 구입처에서 교환해 드립니다.

책비(TheReaderPress)는 여러분의 기발한 아이디어와 양질의 원고를 설레는 마음으로 기다립니다. 출간을 원하는 원고의 구체적인 기획안과 연락처를 기재해 투고해 주세요. 다양한 아이디어와 실력을 갖춘 필자와 기획자 여러분에게 책비의 문은 언제나 열려 있습니다.
이메일 readerb@naver.com
